〔明〕陳邦瞻撰

中華書局

圖書在版編目(CIP)數據

元史紀事本末/(明)陳邦瞻撰. —北京:中華書局,
2015.8(2025.4 重印)
(歷代紀事本末)
ISBN 978-7-101-10949-8

Ⅰ.元… Ⅱ.陳… Ⅲ.中國歷史-元代-紀事本末體
Ⅳ.K247.044

中國版本圖書館 CIP 數據核字(2015)第 090503 號

責任編輯：許　桁
責任印製：韓馨雨

歷代紀事本末
元史紀事本末
〔明〕陳邦瞻 撰

*

中 華 書 局 出 版 發 行
(北京市豐臺區太平橋西里 38 號　100073)
http://www.zhbc.com.cn
E-mail:zhbc@zhbc.com.cn
大廠回族自治縣彩虹印刷有限公司印刷

*

850×1168 毫米 1/32 · 7⅞印張 · 2 插頁 · 139 千字
2015 年 8 月第 1 版　2025 年 4 月第 7 次印刷
印數:9901-10500 册　定價:58.00 元

ISBN 978-7-101-10949-8

出版説明

《元史紀事本末》二十七篇，成書於明萬曆三十四年（一六〇六年），是陳邦瞻繼《宋史紀事本末》而編寫的另一部以事件爲中心的史書。其中《律令之定》一篇爲臧懋循補撰。

明代士大夫，爲了從地主階級的立場總結歷史經驗，比較重視和他們時代相近的宋元兩朝歷史。由於明朝的政治形勢和統治階級的處境，與宋朝更多近似之處，所以陳邦瞻的兩部史書，立場觀點雖然一致，而言宋事較詳，對於元代歷史，只着重記述關係到統治階級成敗的事件和制度。兼以編者將宋亡之前的元代史事歸入宋編，明朝建立之後的事迹，則又認爲應屬明史範圍，以致本書的叙事過於簡略。這是《元史紀事本末》在編寫方面的一個重要缺點。

史實考證及史料處理不够精當，是本書編寫上的另一問題。如卷十三，「泰定三年四月，修夏津、陽武河堤三十三所。」此文出於《元史》卷三〇《泰定帝紀》，原無「陽」字，「武」字上下當有脱文。在元代，夏津去黄河甚遠，所修者當非黄河堤，而所書地名應去夏津不遠，陽武的地理條件不合，可知「陽」字爲妄補。又如卷二十二，至順二年記皇子古納答剌，三年又作燕帖古思，原來中間已經改名，本書失於記載，讀者無從知其原爲一人。又擴廓帖木兒退出太原後，仍追隨元帝於大漠南北，曾大敗明兵於和林，洪武八年（一三七五年）卒於塞外。明太祖很慨歎地説：「王保保（擴廓的本名）真奇男子，吾不得而臣！」命納其妹爲秦王朱樉之妃，事迹甚爲明白。而陳書認爲「後不知所終」（卷二十七），未免輕率。

本書叙事雖有缺略和錯誤，但對於元代政治、經濟上的一些重要事件，特别是與明代有關聯的問題，尚能扼要明確地加以介紹。如明代士人最重視的科舉考試與文武官級等，皆爲元代所定；明代聯係南北運輸的大運河，及明代通用的曆法，也都是承受於元代，這些方面書中都有較詳細的記載。明代南北交通雖以運河爲主，而海運也很受重視，這在書中也有所反映。此外全文收録了歐陽玄的《至正河防記》，這是我國水利史上一篇很重要的資料。又《律令之定》節録了鄭介夫的上書，鄭氏《元史》無傳，其文流傳較稀，而此篇頗能反映元代社會政治的實際情況。又如元世祖忽必烈，在位時間較長，他的政治措施，對於當時和後世的影響都很大，而本書二十七卷之中，直接叙述元世祖時期的史事竟達十六卷之多，關於元世祖統一以後的重要歷史事件，已略具梗概。又如元代多宫廷政變，而佛教徒爲害於人民者甚大，書中也都有扼要的記載。

《元史紀事本末》原編爲六卷，由徐申、劉曰梧照《宋史紀事本末》版式刊行，並有徐氏與陳氏序文及凡例二條，其後多以二書合刻。黄吉士重刻本併爲四卷。張溥附加史論於各篇之後，又分爲二十七卷。以上各本皆刻於明末。清代以來，重刻者多用張溥本，以同治年間江西書局校刻的《五種紀事本末》本爲最通行。這次校點整理，卽以江西局本爲底本，並以徐、劉原刊本及薛應旂《宋元通鑑》、《續通鑑綱目》、《元史》等書互校，擇善而從。校文只作文字方面的校補，史實方面有顯著錯誤者，則在校記中附加説明，仍保持原書之本來面目。又爲便於了解本書的編寫和流傳情況，選録了幾篇有關文章，附於全書之後，藉供參考。

我們寫成的校記，排在有關的文句之下。應補者，加方括號，字體同於正文。應刪者，加圓括號，用小一號字排。須加説明者，亦用小一號字排於圓括號内。陳氏的原注，用小一號字排而不加括號。校記中於書名較長者採用略稱，如《續資治通鑑綱目》簡稱《續綱目》，薛應旂《宋元通鑑》簡稱《薛鑑》等。引用各書都注明卷數，以便查核。編年體史書年代與本書相同，故從略，如有不同者則仍注明。分段基本上依照原書，間或有重爲分合者，不另注明。在每段起始的年代之下，附加干支和公元紀年，以便於讀者尋檢。擔任本書校點整理工作的爲河北師範學院歷史系王樹民同志。

錯誤或不妥之處，希望讀者批評指正。

中華書局編輯部　一九七八年十月

元史紀事本末目録

元史紀事本末卷一

江南羣盜之平

世祖至元十七年（庚辰、一二八〇）十二月，漳州民陳桂龍兵起，福建都元帥完者都等擊走之。桂龍及其兄子陳弔眼有衆數萬，屯高安砦據之，朝廷命完者都及副帥高興討之。時建寧賊黄華，勢尤猖獗，完者都先引兵壓其境，華驚懼乞降，完者都奏以華爲副元帥，凡軍行悉以咨之。桂龍等乘高爲險，人莫敢進，興命人挾束薪，進至半山，棄薪走。如是六日，誘其矢石皆盡，乃爇薪焚（山）〔栅〕（據元史一六二高興傳、續綱目、薛鑑改），斬首二萬級，桂龍遁走入畬洞。

十九年（壬午、一二八二）夏四月，陳桂龍降。初，桂龍既遁，陳弔眼猶擁衆連五十餘砦未下，高興等擊斬之，桂龍等遂帥其黨來降。詔流桂龍於邊地。

十二月，獲福州叛賊林天成，戮於市。

二十年（癸未、一二八三）三月，廣州新會林桂方、趙良鈐等擁衆萬餘，號羅平國，稱延康年號。擒之。

九月，象山縣海賊尤宗祖等聚衆剽掠海上，合剌帶等招降之，凡九千五百九十二人，海道以寧。

冬十月，建寧路總管黄華復反，聚衆十萬，號頭陀軍，稱宋祥興年號，破崇安、浦城諸縣，復攻建寧。詔史弼等引兵急擊之。華敗走自焚，餘黨悉潰。

二十一年（甲申、一二八四）二月，漳州盜起，邕州、賓州、梧州、韶州、衡州民黄大成等相延爲亂。命湖南宣慰使撒里蠻將兵討之。

詔遷宋宗室及大臣之仕者於内地。時荆湖、閩、廣之間，兵興無寧歲，有言宋宗室居江南欲反者，遣使捕之。宿衛士阿魯渾薩里曰：「江南初下，民疑未附。宋宗室反，不聞郡縣言，而信一人浮言捕擊之，恐人人自危矣！」帝悟，召使者還，故有是詔。

十一月，江西行省參知政事月的迷失擒獲海盜黎德，及招降餘黨百三十三人。卽其地誅黎德，弟黎浩及僞招討吳興等檻送京師。

二十二年（乙酉、一二八五）二月，廣東宣慰使月的迷失討潮、惠二州盜郭逢貴等四十五寨，降民萬餘户，軍三千六百一十人。請將所獲逢貴等入覲，面陳事宜，詔許之。秋七月，至京師，言山寨降者百五十餘所。帝問：「戰而後降耶？招之卽降耶？」對曰：「其首拒敵者，臣已磔之矣，是皆招降者也。」因言：「前大兵後，未嘗撫治其民，州縣官復無至者，故盜賊各據土地，互相攻殺，人民漸耗。今宜擇良吏往治。」從之。

二十三年（丙戌、一二八六）春正月，西川趙和尚自稱宋福王子廣王以誑民，謀作亂，伏誅。

（按：正月條，元史一三世祖紀、薛鑑系於二十二年。）

八月，婺州永康縣民陳巽四等謀反，伏誅。

〔二十四年〕（據元史一四世祖紀補）（丁亥、一二八七）十一月，詔讓弭盜。桑哥、玉速帖木兒言：「江南歸附十年，盜賊迄今未清。宜降旨立限招捕，而以安集責州縣之吏，其不能者黜之。」葉李言：「臣在漳州十年，詳知其事。大抵軍官嗜利與賊通者，尤難弭息。宜令各處鎮守軍官，例以三年轉徙，庶革斯弊。」帝皆從之。詔江西行省平章忽都鐵木兒督捕廣東等處盜賊。

二十五年（戊子、一二八八）夏四月，廣東民董賢舉，浙江民楊鎮龍、柳世英，循州民鍾明亮，各擁衆萬餘，相繼起兵，皆稱大老，明亮勢尤猖獗。詔遣江西行省丞相忙兀帶、行樞密院副使月的迷失發四省兵討之。明亮屢降復叛。既而福建按察使王惲上疏言：「福建郡縣五十餘處，連山距海，實邊徼要區。由平宋以來，官吏殘虐，故愚民往往嘯聚，朝廷遣兵討之，復致蹂踐，甚非一視同仁之意。況福建歸附之民户幾百萬，黄華之變，十去四五，今明亮之勢又烈於華，其可以尋常草竊視之乎？宜選精兵，明號令，以計取之。不然，禍未已也。」御史大夫月呂魯亦言：「江南盜起凡四百餘處，宜選將討之。」帝曰：「月的迷失屢以捷聞，忙兀帶已往，卿毋以爲慮。」

二十六年（己丑、一二八九）夏四月，禁江南民挾弓矢，犯者籍以爲兵。

五月，明亮率衆萬八千五百七十三人來降。

六月，月的迷失請以降賊明亮爲循州知州，宋士賢爲梅州判官，丘應祥等十八人爲縣尹、巡尉。帝不允，令明亮、應祥並赴都。

冬〔閏〕（據元史一五世祖紀補）十月，月的迷失以丘應祥、董賢舉歸於京師。丙戌，明亮復反，以衆萬人寇梅州，江羅等以八千人寇漳州，又韶、雄諸賊二十餘處，皆舉兵應之，聲勢張甚。詔月的迷失復與福建、江西省合兵討之，且諭旨月的迷失：「鍾明亮既降，朕令汝遣赴闕，而汝玩常不發，致有是變。自今降賊，其即遣之。」

是月，婺州賊葉萬五以衆萬人寇武義縣，殺千户一人，江淮省平章不憐吉帶將兵討之。

十一月，漳州賊陳機察等八千人寇龍巖，執千户張武義，與楓林賊合。福建行省兵大破之，陳機察、丘大老、張順等以其黨降。行省請斬之以警衆，事下樞密院議，范文虎曰：「賊固當斬，然既降乃殺之，何以示信？宜並遣赴闕。」從之。

二十七年（庚寅、一二九〇）春正月，江西賊華大老、黃大老等掠樂昌諸縣，行樞密院討平之。

三月，建昌賊丘元等稱大老，集衆千餘人掠南豐諸郡；太平縣賊葉大五，集衆百餘人寇寧國，皆擒斬之。

五月，月的迷失與江西行省管如德合兵討明亮，降。詔縛至闕下，如德留明亮等不遣，明亮復率衆寇贛州。

六月，徽州績溪賊胡發、饒必成，杭州賊唐珍，建平賊王靜照，蕪湖賊徐汝安、孫惟俊等，皆伏誅。

十一月，江淮行省平章不憐吉帶言：「福建盜賊已平，惟浙東一道，地極邊惡，賊所巢穴。初，伯顏等於各路置軍鎮戍，蓋視地之輕重而爲多寡，後爲忙古䚟更易其法，今宜復還三萬户分戍之。揚州、建康、鎮江三城，跨據大江，人民繁會，宜置萬户府七。杭州，行省諸司府庫所在，宜置萬户府四。瀕海沿江要害二十二所，宜增置戰艦，分兵閲習水戰之法。」從之。

是月，興化路仙遊賊朱三十五寇青山。處州青田賊劉甲、乙等集衆萬餘人，寇温州平陽。

二十八年（辛卯、一二九一）秋七月，遣憨散總兵討平江南盜賊。

二十九年（壬辰、一二九二）春正月，詔江南避亂者令復業。

九月，治書侍御史裴居安言：「月的迷失遇盜起不卽加兵，盜去乃延誅平民。」詔台院遣官雜問之。

三十年（癸巳、一二九三）二月，江西行院月的迷失言：「江南豪右多庇匿盜賊，宜誅爲首者，餘徙内縣。」從之。

成宗元貞二年（丙申、一二九六）冬十月，贛州民劉六十聚衆至萬餘，建立名號，朝廷遣將討之，多觀望不進，賊勢益盛。江南行省左丞董士選請自往，進至興國，距其營〔不〕（據元史一五六董士選傳、續綱目、薛鑑補）百里，命將校分兵守地，悉置激亂之人於法，復誅奸民之爲囊橐者。於是民争出自效，不數日，六十就擒，餘黨悉散。事平，士選遣使奏聞，但請黜贓吏數人而已，略不及破賊事，時稱其不伐。

元史紀事本末卷二

北邊諸王之亂 乃顏 海都 篤哇

世祖至元二十四年(丁亥、一二八七)夏四月，諸王乃顏反。乃顏，烈祖第五子別里古台之曾孫，也速不花之孫，廣寧王(瓜)〔爪〕都(據元史一一七別里古台傳改)之次子也。始乃顏遣使徵東道兵，帝諭諸王闍里鐵木兒毋輒發。或告乃顏反，帝遣伯顏往覘之。伯顏多載衣裘入其境，輒以與驛人。既至，乃顏謀執之，伯顏覺，與其從者趨出，分三道逸去。驛人以得衣裘故，争獻健馬，遂得脱，馳還白狀。至是，乃顏反。時西北諸王多欲從之，帝以爲憂。宿衛(使)〔士〕(據續綱目、薛鑑改)阿沙不花曰：「此莫若先撫安諸王，乃行天討，則叛者勢自孤矣。」帝曰：「善，爾試爲朕行之。」乃北説諸王納牙曰：「大王聞乃顏反耶？」曰：「聞之。」曰：「大王知乃顏已遣使自歸耶？」曰：「不知也。」曰：「聞大王等皆欲爲乃顏外應，今乃顏既自歸矣，是獨大王與主上抗耳。大王何不往見上自陳，爲萬全計。」納牙許之，於是諸王之謀乃解，帝遂議親討之。

五月，遣也先傳旨諭北京等處宣慰司，凡隸乃顏所部者，禁其往來，毋（得）〔令〕（據元史一四世祖紀改。原刻本作「會」，乃「令」字之訛，江西本作「得」，出於臆改）乘馬持弓矢。時將校多乃顏部人，或其親暱，立馬相嚮語，輒釋仗不戰，帝患之。浙西道儒學提舉葉李密啓曰：「兵貴奇，不貴衆，臨敵當以計取。彼既親暱，誰肯盡力？徒費陛下糧餉，四方轉輸之勞。臣請令漢軍列前步戰，而聯大軍斷其後，以示死鬭。彼嘗玩我，必不設備，我以大衆踣之，無不勝矣。」帝然之，乃詔左丞李庭等將漢軍，用漢法以戰。六月，帝至撒兒都魯之地，乃顏黨金家奴、塔不歹擁衆號十萬，進逼乘輿。帝親麾諸軍圍之，乃顏堅壁不出。司農卿鐵哥曰：「彼衆我寡，當以疑退之。」於是帝張蓋據胡牀，鐵哥進酒，塔不歹按兵不敢進。李庭曰：「彼夜當遁耳。」乃引壯士（千）〔十〕（據元史一六二李庭傳、續綱目、薛鑑改）餘人抱火礮，夜入其陣，礮發，果自潰散。帝曰：「何以知之？」庭曰：「不歹兵雖多，然無紀律，見車駕駐此而不戰，必疑有大軍繼之，以是知其必遁。」遂命庭將漢軍，玉昔帖木兒將蒙古軍，並進。乃顏敗走，追執之。

秋七月，乃顏黨諸王失都兒犯咸平，遼東宣慰使塔出遣使馳驛以聞，帝命領軍一萬，與皇子愛牙赤同力備禦之。時女直、水達〔達〕（據元史一三三塔出傳補）官民皆與乃顏連結，塔出棄妻子，與麾下十二騎直抵建州，距咸平千五百里，與乃顏黨太撒拔都兒等合戰，兩中流矢。繼知其黨帖哥、（杪）〔抄〕兒赤（據同上書改）等欲襲皇子，乃以〔數十人退戰〕（據同上書補）千餘人，扈從渡遼水。身與乃顏兵接戰，轉鬭而前，射其酋帖古歹，中其口，鏃出於項，墮馬死，遂軍懿州。懿州老幼千餘人，焚香羅拜道旁，泣曰：「非宣慰公，吾屬無遺種矣。」塔出曰：「今日之事，上賴皇帝洪福，下賴將士之力，吾何功焉。」又追乃顏餘黨，北至金山，戰捷。帝嘉其功，賜明珠虎符，充蒙古兵萬户。

二十五年（戊子、一二八八）春正月，諸王海都犯邊。海都者，太宗之孫，合失大王之子也。世居北方，自定宗以來，日尋干戈。至元初即有叛意，廷議欲伐之，帝曰：「朕以宗室之情，惟當懷之以德，其擇謹密足任大事者往使焉。」左右以平陽馬步站達魯花赤鐵連對，遂召見。鐵連應對稱旨，帝嘉其辨慧，曰：「此事非連不可，然必先詣拔都蒙哥鐵木王所，相與計事而後行。」使二人副之。鐵連既奉命，欲直造海都境，視其虛實，然後議於諸王。副者持不可，鐵連曰：「親承密旨，違則當誅。」副者懼而從之。既至，海都日召宗親宴飲，將伺其隙謀害之。鐵連厲聲斥之曰：「且食，毋令語言脱口，相摭爲罪！」海都愕然曰：「直哉！」酒半，鐵連求衣爲歡，海都嘉其雄辨，將解與之，其妃止之，以皮服（三）〔二〕（據元史一三四鐵連傳改）襲付之，因語其屬曰：「爲使者當如是矣。」厚贈以行。乃至拔都蒙哥鐵木王所，具告之故。王曰：「祖宗有訓，叛者人得誅之。如通好不從，舉師以行天罰，我卽外應，勦絶何有。」鐵連還，悉以事聞，因言曰：「海都兵繁而鋭，不宜速戰，來則堅壘待之，去則勿追。自守既固，卽無虞矣。」帝深然之，勅所受海都皮服全飾以金，凡朝會宜服以表示焉。是歲，詔封皇子那木罕爲北平王，率諸王兵鎮守，而以安童行省院事。既而海都叛，帝大閱兵將討之，先命户部尚書昔班使海都，諭令罷兵，置驛來朝。昔班至海都傳旨，海都聽命，既退軍置驛，而丞相安童軍先已克火和（木）〔大〕王（據元史一三四昔班傳改）部曲，盡獲其輜重。海都懼，將逃，謂昔班曰：「我不難殺汝，念我父嘗受書於汝，歸以安童之事聞，非我罪也。」昔班以聞，帝曰：「汝言是也。」尋命爲中書右丞，議政事，妻以宗王女不魯真公主。明年，復使諭海都，且曰：「苟不從我，〔爾〕能〔敵〕諸王藩衞〔之〕（並據元史一三四昔班傳補）兵乎？」海都辭以畏死不敢。

至是復寇邊，拔都也孫脱迎擊，死之。

夏四月，詔皇孫鐵木耳行邊。乃顏餘黨火魯火孫及哈丹等尚攻掠邊郡未下，詔皇孫鐵木耳北撫諸軍進討之。都指揮土土哈擊敗火魯火孫、札兀魯灰，還至哈剌温山，夜渡貴烈河，復擊敗哈丹軍，盡得遼左諸部，置東路萬户府。

二十六年（己丑、一二八九）二月，哈丹兵寇胡魯口，開元路治中兀顏牙兀格戰連〔日〕（據元史一五世祖紀補），破之。

六月庚申，諸王乃蠻帶敗哈丹兵於托吾兒河。辛巳（按：是月戊申朔，無辛巳日。疑爲己巳或辛未之誤。），海都犯邊，土土哈從皇孫晉王征之，抵杭海嶺。敵先據險，諸軍失利，惟土土哈以其海都兵至和林，軍直前鏖戰，翼晉王而出。追騎大至，乃選精鋭，設伏以待之，寇不敢逼。劉哈剌八都魯乘間逃歸。宣慰使怯伯、同知乃滿帶、副使八黑鐵兒皆反應之。

秋七月，帝自將討海都，至北邊，召見土土哈，慰諭之曰：「昔太祖與臣下同患難者，飲班朮河之水以記功。今日之事，何愧昔人。卿其勉之！」

二十七年（庚寅、一二九〇）二月，哈丹寇遼東海陽。五月，寇開元。平章政事闍里帖木兒帥師戰於瓦法，大破之。

二十九年（壬辰、一二九二）冬十月，諸王明里鐵木兒附海都以叛，詔伯顏討之。至阿撒忽禿嶺，已爲明里鐵木兒所據，矢下如雨，伯顏先登陷陣，諸軍望風争奮，大破之。明里鐵木兒挺身走，命速哥、梯迷禿兒等追之。伯顏軍還，夜至必失禿，卒遇伏兵，伯顏堅壁不動，黎明遂引去。伯顏輕騎追至别竭兒，會速哥、梯迷禿兒等亦至，乃夾擊之，斬首二千餘級。軍中獲諜者，忻都欲殺之，伯顏不許，厚賜之，遣齎書諭明里鐵木兒以禍福。明里鐵木兒得書感泣，率其衆來降。

三十年（癸巳、一二九三）三月，括諸路馬。時以海都入寇，詔羣臣議所以爲備。從樞密李庭言，復括天下馬，凡得十一萬匹。

六月，詔皇孫鐵木耳撫軍北邊，召伯顏還，以玉昔帖木兒代之。時有譖伯顏久居北邊，詔授皇孫鐵木耳以皇太子寶撫其軍，以太傅玉昔帖木兒輔行，召伯顔居大同，以俟後命。玉昔帖木兒未至三驛，海都兵復至，伯顔遣人語玉昔帖木兒曰：「公姑止，待我翦此寇而來，未晚也。」遂與海都兵交，且戰且却，凡七日。諸將以爲怯，憤曰：「果懼戰，何不授軍於太傅？」伯顔曰：「海都懸軍涉吾地，邀之則遁，誘其深入，一戰可擒也。諸軍必欲速戰，若失海都，誰執其咎？」諸將曰：「請任之。」卽還軍擊敗之，海都果脱去。乃召玉昔帖木兒至軍中，授以印而行。

成宗大德元年(丁酉、一二九七)冬十月，欽察都指揮使牀兀兒攻破八鄰之地，還擊海都軍，敗走之。八鄰之地時爲海都所據，牀兀兒帥師(於)〔踰〕(據元史一二八牀兀兒傳、續綱目改)金山進攻之。其將帖良臺阻答魯忽河而軍，伐木柵岸以自庇，士皆下馬跪坐，持弓矢以待。牀兀兒奮師馳擊，大破之，盡得其人馬廬帳。還次阿魯河，與海都援將孛伯遇，牀兀兒麾軍渡河蹙之，孛伯敗走，僅以身免。

〔二年〕(據元史一一八闊里吉思傳、續綱目、薛鑑補)(戊戌、一二九八)十二月，駙馬闊里吉思遇寇敗没。是歲秋，諸王將帥共議備邊事，咸曰：「敵往歲不冬出，且可休兵於境。」闊里吉思(特)〔獨〕(據同上書改)嚴兵待之。冬，敵果大至，闊里吉思三戰三克，乘勝逐北，馬躓爲敵所執。誘使降，不屈。又欲妻以女，闊里吉思毅然曰：「我天子壻也，非天子命而可再娶乎！」竟不屈死焉。

三年(己亥、一二九九)十二月,命皃子海山鎭漠北。海山帝兄答剌麻八剌之長子,帝以寧遠王闊闊出總兵北邊,怠於備禦,命海山卽軍中代之。

四年(庚子、一三〇〇)八月,海山與海都軍戰於闊別列之地,敗之。

五年(辛丑、一三〇一)九月,海都與篤哇諸部大擧入寇,海山躬督牀兀兒等五軍,合擊,大破之。阿失射篤哇中膝,號〔哭〕(據元史一一八阿失傳、續綱目補)遁去。海都不得志引還,旋亦死。

七年(癸卯、一三〇三)秋七月,篤哇遣使〔乞〕(據續綱目補)降。篤哇既敗,聚其屬及海都之子,謀遣使請命。使至,月赤察兒會諸王將帥議曰:「篤哇乞降,事當待命於上,然往返再閱月,恐失事機。」乃使馬兀合剌往報之,既遣,始以聞。帝嘉之,詔愼飭軍士,安置驛傳以俟。自是諸王叛者相率來歸。

武宗至大元年(戊申、一三〇八)十二月,月赤察兒進攻察八兒諸部,平之。月赤察兒言:「諸王之在邊境者,素無悛過之心,儻諸部合謀,必爲國患。請撫安篤哇之子款徹,及處諸部來歸者於金山之陽,遣軍屯田山北,脫彼有謀,吾已據其腹心矣。」帝稱善,趣(軍)進〔軍〕(據續綱目、薛鑑改)攻之。察八兒等果欲奔款徹,不納,遂相率來降,漠北悉平。

三年（庚戌、一三一〇）三月，賜諸王察八兒幣帛。初，世祖以海都叛，詔積其分地五户絲爲幣帛，俟其來降賜之。至是，其子察八兒來歸，尚書省臣請以賜之。帝曰：「世祖謀慮深遠若是。待諸王朝會，班賞既畢，卿等備述其故，然後與之，使彼知愧。」

元史紀事本末卷三

高麗之臣

世祖至元十七年（庚辰、一二八〇），始置驛站於高麗。初，太祖十一年，契丹人六哥領衆九萬餘，竄入高麗，拔江東城據之。太祖遣哈只吉、劄剌等領兵往其國，助攻滅六哥，諭令歲輸貢賦，高麗尋進方物謝。十六年，諭以伐女直事，始奉表陳賀。屢遣使至其國，會使者爲盜所殺，遂絶。太宗三年，命撒里塔帥兵攻之，國人洪福源迎降。撒里塔使福源抵王京，招其主王瞮。瞮遣其弟侹請和，許之，置京、府、縣達魯花赤七十二人監之，遂班師。四年，瞮盡殺朝廷所置官以叛。復遣撒里塔以兵往，至王京南，攻其處仁城，中流矢卒。軍還，瞮亦上表謝罪。自後叛服不常。〔自定宗二年至〕（據元史二〇八高麗傳補）憲宗八年，凡四命將征之，拔其城十有四。憲宗末，瞮遣其世子倎入朝。至帝中統元年，瞮卒，命倎歸國，封爲高麗國王，以兵衞送之，仍赦其境内。二年，倎更名（植）〔禃〕（據元史二〇八高麗傳、續綱目改。下同），遣世子愖奉表以聞。五年，（植）〔禃〕自入朝。至元三年，帝欲通好日本，諭高麗與日本鄰國，宜爲鄉導。五年，(植)〔禃〕遣其弟淐入朝。帝以(植)〔禃〕欺罔，淐至，面數其事切責之。特遣使詔諭(植)〔禃〕，責令供軍實，造戰艦，助攻宋及日本。(植)〔禃〕復遣其臣來朝。六年，(植)〔禃〕上表奏誅權臣金俊等。復遣世子愖入朝。愖至，奏本國臣下擅廢(植)〔禃〕立其弟安慶公淐事，詔遣斡朶思不花、李諤等至其國詳問之。尋詔授愖特進、上柱國，率兵三千赴國難。帝以(植)〔禃〕、淐廢置出其臣林衍所爲，詔(植)〔禃〕、淐、衍等同詣闕，面陳情實，先遣兵壓境，不至卽以時進討。未幾，高麗統領崔坦等以林衍作亂，挈西京五十餘城入附。詔樞密院議征高麗事。初，馬亨以爲高麗者，本箕子所封之地，漢、晉皆爲郡縣，今雖來朝，其心難測。莫若嚴兵假道，以取日本爲名，乘勢可襲其國，定爲郡縣。馬希驥亦言：「今高麗乃古新羅、百濟、高句麗三國併而爲一。大抵藩鎭權分則易制，諸侯强盛則難臣。驗彼州城軍民多寡，離而爲二，分治其國，使權侔勢等，自相維(持)〔制〕(據元史二〇八高麗傳改)，則徐議良圖，亦易爲區處。」議皆未決。會使者至其國，(植)〔禃〕受詔復位，旋親朝京師。七年，以高麗西京内屬，改東寧府，畫慈悲嶺爲界，忙哥都爲安撫使，佩虎符，率兵戍其西境。仍詔諭高麗僚屬軍民以討林衍之故。時(植)〔禃〕復入朝，朝廷遣軍送(植)〔禃〕就國，勅將帥嚴戒兵士，勿令有所侵犯。會林衍死，衍黨復立承化侯爲王，竄入珍島。大軍進至王京西關城，遣人收繫衍妻子，(植)〔禃〕入居舊京。是年復詔(植)〔禃〕送使者通好日本。八年，諸將大破珍島賊，平之。十年，(植)〔禃〕屢言國小地狹，比歲荒歉，其生券軍乞駐東京。詔令營北京界，仍勅東京路運米二萬石賑之。十一年，(植)〔禃〕卒，世子愖襲爵，改名(睶)〔賰〕(據標點本元史九世祖紀改。下同)，尚皇女忽都魯揭里迷失。十(四)〔五〕(據元史二〇八高麗傳改)年，征東元帥府上言：「高麗侍中金方慶，陰養死士，匿鎧仗器械，造戰艦，積糧餉，謀作亂。捕方慶等按驗得實，已流諸海島。然高麗新附，民心未安，可發征日本還卒二千七百人，置長吏，屯忠清、全羅諸處，鎮撫其民，且令士卒備牛畜耒耜，爲屯田計。」從之。

十九年(壬午、一二八二)，(睶)〔賰〕上言：「日本寇其邊海郡邑，燒居室，掠子女而去。請發闍里帖木兒麾下蒙古軍五百人戍金州。」從之。

二十年(癸未、一二八三)，立征東行中書省，以高麗國王(睶)〔賰〕與阿塔海共事。

二十八年(辛卯、一二九一)，高麗饑，詔給米(一)〔二〕(據元史一六世祖紀、二〇八高麗傳改)十萬斛賑之。

成宗大德元年(丁酉、一二九七)，封高麗國王昛爲逸壽王。(睶)〔賰〕前改名昛。以世子謜爲高麗王，從所請也。

二年(戊戌、一二九八)，中書省臣奏昛有罪當廢，復以其父昛爲王。

三年(己亥、一二九九)，昛遣使入貢。丞相等言：「昛在國僭擬不法，謜年少妄殺無辜。乞降詔戒飭。」從之。會哈散使高麗還，言昛不能服其衆，朝廷宜遣官共理之。遂復立征東行省，命闊里吉思爲高麗行省平章事。

五年（辛丑、一三〇一），復罷行省官。是年昛卒，子謜復立。謜死，子燾嗣。燾死，弟暠嗣。

元史紀事本末卷四

日本用兵

世祖至元十七年（庚辰、一二八〇）五月，召范文虎議征日本。日本古倭奴國，在東海之東。先是至元（元）〔二〕（據元史二〇八日本傳改）年，以高麗人趙彝等言日本國可通，擇可使者。三年八月，命兵部侍郎黑的，給虎符，充國信使，禮部侍郎殷弘副之，持國書使日本。書曰：「大蒙古皇帝奉書日本國王。朕惟自古小國之君，境土相接，尚務講信修睦，況我祖宗，受天明命，奄有區夏，遐方異域畏威懷德者，不可悉數。朕即位初，以高麗無辜之民久瘁鋒鏑，即令罷兵，還其疆域。高麗君臣感戴來朝，歡若父子。計王君臣亦已知之。高麗，朕東藩也。日本密邇高麗，開國以來亦時通中國，至於朕躬，而無一乘之使以通和好。尚恐王國知之未審，故特遣使布告朕志，冀自今以往，通問結好，以相親睦。」黑的等道由高麗，高麗國王王（植）〔禃〕（據元史二〇八日本傳、續綱目、薛鑑改。下同），以帝命遣其臣宋君斐、金贊等導詔使往日本，不至而還。四年六月，帝謂王（植）〔禃〕以辭爲解，令去使徒還，復遣黑的等至高麗諭(植)〔禃〕，委以日本事，以必得其要領爲期。(植)〔禃〕以爲海道險阻，不可辱天使。九月，遣其臣潘阜等持書往日本，留六月，亦不得其要領而歸。五年九月，命黑的、弘復持書往。至對馬島，日本拒而不納，執其塔二郎、彌二郎二人而還。六年六月，命高麗送還執者，俾中書省牒其國，亦不報。十二月，又命秘書監趙良弼往。良弼將行，乞定與其王相見之儀。廷議，與其國上下之分未定，無禮數可言，帝從之。七年十二月，詔諭高麗國王(植)〔禃〕送弼，期必達。八年六月，日本通事曹介升等上言：「高麗迂路導引國使，外有捷徑，儻得便風，半日可達。若使臣去則不敢同往，若大軍進征則願爲鄉導。」帝曰：「如此則當思之。」九月，高麗王(植)〔禃〕遣其通事徐稱導良弼至日本。日本始遣彌四郎者入朝，帝宴勞遣之。九年二月，良弼遣書狀官張鐸言：「去歲九月，與日本彌四郎等至其太宰府西守護所，守者云：『曩爲高麗所紿，屢言上國來伐。豈期皇帝好生惡殺，先遣行人下示璽書，然王京去此尚遠，願先遣人從奉使回報。』」良弼乃遣鐸同其使二十六人至京師求見。帝疑其國主使之〔來〕(據元史二〇八日本傳補)，云守護所者詐也。詔問姚樞、許衡等，皆曰：「誠如聖算。彼懼我加兵，故發此輩伺吾强弱耳。宜示之寬仁，且不宜聽其入見。」從之。是月，高麗王(植)〔禃〕復以書諭日本，令必通好大朝，竟不報。十年六月，良弼復往使，至太宰府而還。十一年三月，命經略使忻都、洪茶丘等，以千料舟、拔都魯輕疾舟、汲水小舟各三百，載士卒一萬五千，期以七月征日本。冬十月，入其國，敗之。而官軍不整，又矢盡，惟虜掠四境而還。十二年二月，遣禮部侍郎杜世忠等往使，復致書，亦不報。十四年，日本遣商人持金來易銅錢，許之。十七年二月，日本殺國信使杜世忠等，征東元帥忻都、洪茶丘請自帥師往征日本，廷議姑少緩之。至是月，帝召范文虎議征日本方略。旋詔括前願從軍者，及張世傑潰軍，往征日本。

九月，發兵十萬，命范文虎將之。賜右丞洪茶丘所將征日本新附軍鈔及甲。

十二月，高麗國王（睶）〔賰〕（據標點本元史九世祖紀改）率兵萬人，戰船九百艘，征日本。詔給洪茶丘等戰具，高麗鎧甲、戰襖。諭諸將，兵道高麗，毋擾其民。

十八年（辛巳、一二八一）春正月，召日本行省右丞相阿刺罕、右丞范文虎等，赴闕授方略。二月，諸將陛辭。帝勑曰：「始因彼國使來，故朝廷亦遣使往，彼留我使不還，故使卿輩爲此行。朕聞漢人言，取人家國，欲得百姓，若盡殺其人，徒得地何用。更有一事，慮卿等不和耳。假若彼國使至，與卿輩有所議，當同心協謀，如出一口答之。」

六月，阿刺罕卒，詔以左丞阿塔海代之。

八月，范文虎等喪師遁還。上言：「初至日本，欲攻太宰府，暴風破舟。猶欲議戰，萬户厲德彪、招討王國佐等，不聽節制，輒逃去。本省（戰）〔載〕（據元史二〇八日本傳改）餘軍還合浦，散遣還鄉里。」未幾，敗卒于閶歸，言官軍六月入海，七月至平壺島，移五龍山。八月一日風破舟，五日文虎等諸將各自擇堅好船乘之，棄士卒十餘萬於山下。衆議推張百户者爲主帥，方伐木作舟欲還，七日日本人來戰，盡死，餘二三萬爲其擄去。九日至八角島，盡殺蒙古、高麗、漢人。謂新附軍爲唐人，不殺而奴之，閶輩是也。蓋行省官議事不相下，故皆棄軍歸。久之，莫青、吳萬五者亦逃還。是役也，十萬之衆，得還者三人而已。

十一月，勅高麗國金州等處置鎮邊萬户府，以控制日本。高麗國王請完（海）濱〔海〕（據元史一二世祖紀改）城防日本，不允。

十二月，罷日本行中書省。

二十年（癸未、一二八三）春正月，發五衛軍二萬人征日本。詔糴糧於察罕腦兒以給軍匠。三月，命阿塔海爲日本行省丞相，與徹里帖木兒、劉二拔都兒大募兵造舟，伐日本。中丞崔彧言：「江南相繼盜起，皆緣募水手造海船，民不聊生。日本之役，宜姑止之。江南四省應辦軍需，宜量民力，勿强以土產所無；凡給物價及民者，必以實；召募水手，當從所欲。伺民之氣稍蘇，我之力粗備，二三年復東征未晚。」不從。

二十一年（甲申、一二八四）春正月，遣王積翁齎詔使日本，取道慶元航海。帝以其俗尚佛，命補陀僧如智同往。舟人有不願行者，共謀殺積翁。

二十二年（乙酉、一二八五）十一月，勅漕江淮米百萬石，泛海貯於高麗之合浦，仍令東京及高麗各貯米十萬石，備征日本。期諸軍於明年三月以次而發，會於合浦。是月復赦囚徒，黥其面，及招宋時販私鹽軍習海道者爲水工，以征日本。

二十三年（丙戌、一二八六）春正月，詔罷征日本，以方議伐安南故也。先是立征東行省，勅各處造海舶，集漕船，募水手，貯糧餉，有司征斂，大爲奸利。吏部尚書劉宣上言：「近議再興日本之兵，此役不息，安危所係。近用唆都議伐占城，海牙言征交阯，三數年間，吏民大擾，盜賊蝟興。且交阯小邦，親王提兵，深入無功，反殪大將。況日本海洋萬里，非二國比，萬一不利，援兵安能飛渡耶？」帝納其言，遂下詔罷征日本。

成宗大德二年（戊戌、一二九八），江浙省臣也速荅兒乞用兵日本，帝曰：「今非其時，朕徐思之。」

三年（己亥、一二九九），遣僧寧一山，加妙慈弘濟太師，附商舶往使日本，日本竟不至。

八年（甲辰、一三〇四）夏四月，置千户所戍定海，以防歲至倭船。

十年（丙午、一三〇六）夏四月，倭商有慶等抵慶元貿易，以金鎧甲爲獻。命江浙行省備之。

元史紀事本末卷五

占城安南用兵

世祖至元十九年（壬午、一二八二）六月，詔發軍討占城。初，朝廷以占城既附，遣唆都就其國立省撫治之。王子補的負固弗率，凡使臣經其國者皆被執。帝怒，決意進討，發淮、浙、福建、湖廣軍五千，海船百艘，戰船二（千）〔百〕五（百）〔十〕（據元史一二世祖紀、薛鑑改），命唆都將之以行。

二十年（癸未、一二八三）春正月，唆都攻占城破之，入其國。王子遁入山谷，後遣其臣寶脱秃花陽求歸順以款師，復潛殺所執使臣皇甫傑等百餘人。唆都等久之方覺其詐，乃遣兵攻之，轉戰至木城下，阻隘不敢進。賊兵旁截歸路，軍殊死戰得出。唆都等遂謀引還。

二十一年（甲申、一二八四）二月，命阿塔海發兵萬五千人，船二百艘，征占城。船不足，命江西省益之。

秋七月，詔鎮南王脱歡征占城，與左丞李恆往會唆都兵俱進。復以安南通謀占城，令軍行假道於其國，且徵其糧餉以給軍。十二月，脱歡軍次安南。安南王陳日烜言，其國至占城水陸非便，遣兵分道拒守境上。

二十二年（乙酉、一二八五）五月，脱歡軍擊陳日烜，敗走之，遂入其城而還。日烜遣兵來追，唆都、李恆戰死。初，脱歡屢移書日烜欲假道，竟不納，益修兵船，爲迎敵計。脱歡乘間縛栰爲橋，渡富良江北，與日烜大戰，破之。日烜遁走，不知所之。其弟益稷率其屬來降。脱歡聚諸將議，交人拒敵官軍，雖數敗散，然增兵轉盛，官軍疾疫，死傷亦衆，占城竟不可達。乃謀引兵還。交兵追襲之，李恆中毒矢，至思明卒。唆都軍與脱歡相去二百餘里，脱歡軍還，唆都猶未知之，亟趨其營，交人邀於乾滿江，力戰而死。

秋七月，樞密院言：「鎮南王所統征交阯兵，久戰力疲。請發蒙古軍千人，漢軍新附四千人，取鎮南王節制，以征安南。」帝從之。復以唐兀帶爲荆湖行省左丞。唐兀帶請放征安南軍還家休息，詔從鎮南王處之。

二十三年（丙戌、一二八六）春（正）〔二〕（據元史一四世祖紀、二〇九安南傳改）月，詔以陳益稷自拔來歸，封爲安南國王，仍命鎮南王脱歡、左丞相阿里海涯平定其國，以兵納益稷。時湖南宣慰司上言：「連歲征日本，及用兵占城，百姓罷（弊）〔於〕（據元史二〇九安南傳改）轉輸，賦役煩重，貧民鬻子應役，舉動之間，利害非一。且安南已嘗遣使納表稱藩，若從其請，以甦民力，計之上也。無已，則宜寬百姓之賦，積糧餉，繕甲兵，俟來歲天時稍利，然後大舉未晚。」會吏部尚書劉宣亦言之，帝是其請，命還軍，居益稷於鄂州。

二十四年（丁亥、一二八七）春正月，復詔脱歡督右丞程鵬飛、參知政事樊楫等進擊安南。鵬飛與楫等分兵三道，水陸並進，凡十七戰皆捷，遂深入其境。安南王日烜棄城走於海。

二十五年（戊子、一二八八）二月，脱歡復遣兵追陳日烜於海，不知所之。右丞相阿八赤曰：「賊棄巢穴遠遁，意待吾敝而乘之。將士皆北人，春夏之交，瘴癘將作，賊弗就擒，饋餉且盡，吾不能持久矣。」時日烜復遣使請降以（疑）〔款〕（據續綱目改）師，諸將信其説。久之不降，擁衆據海口。阿八赤率衆攻之，將士多被疫不能進，諸蠻復叛，所得險阨皆失守，遂謀引還。日烜復集散兵三十萬守禦東關，遏脱歡歸路。諸軍且戰且行，日數十合。賊據險竊發毒矢，將士裹瘡以戰，樊楫、阿八赤皆死。前軍昔都兒奮勇乘之，交人小卻，脱歡由間道趨還。日烜尋遣使入朝，貢金人以贖己罪。帝以脱歡無功而還，令出鎮揚州，終身不許入覲。

二十八年（辛卯、一二九一）冬十月，遣禮部尚書張立道使安南，徵其王入朝。初，脱歡等既還，帝怒安南不已，欲再伐之。會日烜死，子日燇襲位。不忽木曰：「彼山海小夷，以天威臨之，寧不震懼？獸窮則噬，勢使之然。今若遣使諭之，彼宜無不奉命。」遂以立道嘗使安南有功，復使往徵其王入朝。

二十九年(壬辰、一二九二)九月，復遣吏部尚書梁曾、編修陳孚使安南，徵其王入朝。時以張立道既還，日燇不至，故特詔往徵之。

三十年(癸巳、一二九三)八月，安南遣使入貢，詔安置於江陵，復議舉兵伐之。初梁曾等至安南，其國有三門，日燇欲迎詔自旁門入，曾貽書責之，往復者三，卒從中行。且諷之入朝。日燇不從，遣其臣陶子奇偕曾來貢。曾進所與日燇辨論書，帝大悅，解衣賜之。廷臣以日燇終不入朝，遂拘陶子奇於江陵，命劉國傑與諸王亦里吉䚟等整兵聚糧，復議伐之。

十二月，平章政事亦黑迷失、史弼、高興等，以征安南無功而還，各杖而耻之，仍没其家貲三之一。

三十一年(甲午、一二九四)五月，罷安南兵，釋其使歸國。時帝崩，皇孫鐵木耳卽位，故有是詔。

元史紀事本末卷六

西南夷用兵

緬　八百媳婦　金齒

世祖至元十九年（壬午、一二八二）二月，議征緬國。先是至元八年，大理、善闡等路宣慰司遣乞䚟脱因使緬國，招其王内附。緬使价博詣京師，帝復遣使詔諭之。十（四）〔二〕（據元史二一〇緬傳改）年，雲南省臣言："緬王無降心，去使不返，勢須用兵。"帝未許。已而雲南都元帥納速剌丁率兵入緬界，稍稍招降其衆，以天熱還師。至是上言："緬國形勝，盡在臣目中，可擊。"帝悦，遂以太卜爲右丞，也（速）〔罕〕的斤（據元史一二世祖紀、一三三也罕的斤傳及續綱目、薛鑑改）爲參政，命諸王相（荅）吾〔荅〕兒（據元史一三三也罕的斤傳、二一〇緬傳改。下同）督諸軍復往擊之。

二十年（癸未、一二八三）十一月，相（荅）吾〔荅〕兒等分道攻緬，拔江頭城，令都元帥袁世安戍之。復遣使詔諭緬王，不應。議以建都太公城乃其巢穴，遂水陸進兵，攻拔之。

二十一年（甲申、一二八四）春正月，建都王烏蒙、金齒西南夷十二部俱降。初，諸國爲緬所制，欲降不果。至是，因緬城既拔，遂皆來降。

夏四月，忽都鐵木兒征緬之師爲賊衝潰，詔發思、播田、楊二家軍助之。

二十四年（丁亥、一二八七）春，（正月）（按：元史二一〇緬傳記此事在二月之後，故删）緬始平，乃定歲貢方物。

二十九年（壬辰、一二九二）八月，遣忙兀〔突〕魯迷失（據元史一七六劉正傳補）以軍征八百媳婦國。

成宗元貞二年（丙申、一二九六）十二月，立徹里軍民總管府。雲南行省臣言：「大徹里地與八百媳婦犬牙相錯。今大徹里胡念已降，小徹里復占扼地利，多相殺掠。胡念遣其弟胡倫，乞別置一司，擇通習蠻夷情狀者爲之帥，招其來附，以爲進討之地。」從之。

大德四年（庚子、一三〇〇）五月，征緬。初，緬人僧哥倫作亂，緬王執其兄阿散哥也，尋釋之。阿散哥也乃率其黨囚王於豕牢，因弑之。王次子奔愬京師，詔遣薛超兀兒等率行省兵二千人討之。

十二月，遣雲南行省左丞劉深將兵擊八百媳婦。完澤因劉深之言勸帝曰：「世祖以神武一海內，功蓋萬世。今陛下嗣大歷服，未有成功，以彰休烈。西南夷有八百媳婦，未奉正朔，請往征之。」哈剌哈孫曰：「山嶠小夷，遼絶萬里，可諭之使來，不必遠廑兵力。」不聽，竟發兵二萬，命深及哈剌帶等將之以往。御史中丞董士選亦言：「不當輕信一人妄言，而寘百萬生靈於死地。」帝變色曰：「事已成，卿勿復言。」麾之出。

五年（辛丑、一三〇一）夏四月，調雲南軍征八百媳婦。

五月，雲南土官宋隆濟叛。時劉深等取道順元，遠冒煙瘴，未戰，士卒死者已十七八。驅民轉餉谿谷之間，一夫負粟八斗，率數人佐之，數十日乃達，死者亦數十萬人，中外騷然。而深復令雲南調民供餽，及脅求水西土官之妻蛇節金三千兩，馬三千匹。隆濟因紿其衆曰：「官軍徵發爾等，將悉翦髮黥面爲兵，身死行陣，妻子爲虜。」衆惑其言，遂叛。

六月，宋隆濟率苗猪、紫江諸蠻四千人攻楊黃寨，殺掠甚衆。隆濟進攻貴州，知州張懷德力戰敗死，遂圍劉深於窮谷中。梁王闊闊兵救之，賊衆稍卻。

八月，遣薛超兀〔兒〕（據續綱目及本書上下文補）等兵伐金齒諸蠻。時征緬師還，爲金齒所遮，士多戰死。金齒地連八百媳婦，諸蠻相效，不輸稅賦，賊殺官吏，故皆征之。

九月，誅高慶、察罕不花，免薛超兀兒爲庶人。初，薛超兀兒等兵攻阿散哥也不克，引還。言賊降在朝夕，慶等受其賂，首倡爲還計，是以無功。詔遣官鞫之，得薛超兀兒以下將校受賂狀。詔誅慶及察罕不花，薛超兀兒等遇赦，削奪官爵爲庶人。

十一月，遣劉國傑帥師討宋隆濟及蛇節。時劉深兵敗，帝始悔不用哈剌哈孫及董士選之言，乃遣劉國傑及楊賽因不花等率四川、雲南、湖廣兵，分道進討諸蠻，別敕梁王提兵應之，軍中機務，一聽國傑處分。

六年（壬寅、一三〇二）春正月，宋隆濟屢攻貴州不解，劉深等糧盡，道梗不通，遂引兵還。隆濟復率衆邀之，輜重委棄，士卒殺傷殆盡。南臺御史中丞陳天祥上書諫曰：「八百媳婦乃荒裔小夷，取之不足以爲利，不取不足以爲害。而劉深欺上罔下，遠勤大衆，經過八番，縱橫自恣，中途變生，所在皆叛。既不〔能〕（據元史一六八陳天祥傳、續綱目、薛鑑補）制亂，反爲亂衆所制，食盡計窮，倉皇退走，喪師十八九，棄地千餘里。朝廷再發四省之兵，使劉二拔都總督，以圖收復。湖南、湖北大發運糧丁夫，衆至二十餘萬，況當農時，驅此愁苦之人，往回數千里中，何事不有？比聞從征敗卒言，西南諸夷，皆重山複嶺，陡澗深林，其窄隘處僅容一人一騎，上如登天，下如入井。賊若乘險邀擊，我軍雖衆，（無）〔亦難〕施〔爲〕（據同上書改補）。或諸蠻遠〔遁〕（據同上書補），阻險隘以老我師，進不得前，旁無所掠，將不戰自困矣。且自征伐倭國、占城、交、緬諸夷以來，近三十年，未嘗有尺土一民之益，計其所費，可勝言哉！去歲西征，及今此舉，何以異之？乞早正深罪，（乃）〔仍〕（據續綱目、薛鑑改）下明詔招諭，彼必自相歸順，不須遠勞王師，與小醜爭一朝之勝負也。爲今之計，宜駐兵近境，多市軍糧，內安外固，漸次服之。此王者之師，萬全之利也。苟謂業已如此，欲罷不能，亦當詳審成敗，算定而行。彼諸蠻皆烏合之衆，必無久能同心捍我之理，但急之則相救，緩之則相疑。以計使之互相讐怨，待彼有隙可乘，徐命諸軍數道俱進，服從者懷之以仁，抗敵者威之以武，恩威兼濟，功乃可成。若復舍恩任威，深蹈覆轍，恐他日之患有甚於今日者也。」不報。

二月，罷劉深等官。時烏撒、烏蒙、東川、芒部及武定、威楚、普安諸蠻，因蛇節之亂，皆以供輸煩勞爲辭，乘釁起兵，攻掠州縣，焚燒堡砦。遣也速䚟兒等將兵會國傑討之。時國傑方討順元蠻，不及來會。也速䚟兒等率師分道並進，次第平之。

七年（癸卯、一三〇三）三月，以征八百媳婦喪師，誅劉深，笞哈剌帶、鄭祐，罷雲南征緬分省。時有司會赦議釋劉深罪，哈剌哈孫曰：「徼名首釁，喪師辱國，非常罪比，不誅無以謝天下。」遂誅之。

夏四月，劉國傑敗宋隆濟、蛇節於墨特川，平之。初，國傑師出播州境，與賊遇，戰失利。乃令軍士人持一盾，（而）〔布〕（據元史一六二劉國傑傳、續綱目改）釘其上，俟陣合，卽棄盾佯走。賊果逐之，馬遇盾皆仆，國傑鼓譟趨之，賊大敗。既而餘寇復合，要戰，國傑不應。數日，命楊賽因不花分兵先進，大軍繼之，賊兵潰。乘勝逐北千里，殺獲無算，遂破之於墨特川。蛇節降，誅之。隆濟遁去，尋爲兄子宋阿重執之來獻，伏誅。餘黨相繼平。

武宗至大二年（己酉、一三〇九）十一月，八百媳婦及大、小徹里諸蠻作亂，詔遣雲南右丞算只兒威往招諭之。比至，爲賊所賂，復肆攻掠，遂以敗還。

元史紀事本末卷七

阿合馬桑盧之奸

世祖至元十七年（庚辰、一二八〇）十二月，平章政事阿合馬奏理算江淮錢穀，詿行省平章阿里伯、右丞燕帖木兒、左丞崔斌，殺之。阿合馬回紇人，以言利有寵於帝。中統三年，始立左、右部，分統庶務，以阿合馬領其事，仍兼諸路轉運使，專理財賦。阿合馬欲每事得專奏聞，不關白中書。時張文謙居政府，力言：「分制財用，古有是理，中書不預，則天子親蒞之乎？」乃止。明年，阿合馬以河南鈞、徐等州俱有鐵冶，請興鼓鑄之利，乃括户三千興煽之，歲輸鐵一百三萬七（十）〔千〕（據元史二〇五阿合馬傳、續綱目、薛鑑改。按續綱目、薛鑑此事均系于至元元年）斤。至元元年，又以太原民煮小鹽越境販賣，民貪其價廉，競買食之，解鹽以故不售，歲入課銀止七千五百兩，請歲增五千兩，無問諸色兵民，均出其賦。帝以阿合馬爲有能，因罷左、右部歸中書，超拜阿合馬平章事。六年，新立憲臺，阿合馬慮其發己姦，因言於帝曰：「庶務責成各路，錢穀付之轉運，必繩治之事何由辨？請罷御史臺及諸道提刑司。」廉希憲曰：「立臺察，內則糾劾姦邪，外則察視非常，訪求民瘼，裨益國政，無大於此者。如阿合馬所言，必使上下專恣，貪暴公行，然後事可集耶！」阿合馬語塞，乃止。時帝急爲富國計，見阿合馬行事時有成績，又屢與史天澤爭辨，天澤常詘，帝由是益奇其才，專委任之，所言無不從，阿合馬益橫。初制銓選，吏部定擬資品，呈尚書省，尚書咨中書，然後聞。阿合馬擢用私人，不由部擬，不咨中書。安童以爲言，帝問阿合馬。阿合馬言：「事無大小皆委之臣，臣所用之人，臣宜自擇。」安童因請：「自今惟重刑及遷上路總管始屬之臣，餘並付阿合馬。」帝從之。阿合馬復請重定條畫，下諸路括户口，增太原鹽課，以千錠爲常額。十五年，復奏立江西榷茶運司，及諸路轉運鹽使司、宣課提舉司，宣課司官吏多至五百餘人。崔斌上言：「江南官冗。杭州地大民衆，阿合馬溺於私愛，以任其不肖子抹速忽。且阿合馬先自陳免其子弟之任，今乃身爲平章，而子若姪或爲參政，或爲尚書，或領將作監、會同館，一門悉處要津，有虧公道。」帝是斌言，命黜之，然終不以爲阿合馬罪。既而淮西宣慰使昂吉〔兒〕（據元史一三二本傳、續綱目、薛鑑補）入朝，亦以官冗爲言。於是詔江西省併入福建，罷榷茶營田司歸本道宣慰司，罷漕運司歸行省。至是，崔斌遷爲江淮行省左丞。阿合馬憤其害己，乃奏理算江淮行省錢穀，誣崔斌與阿里伯等盜官糧四十萬，及擅易命官八百餘員。命都事劉正等往按，獄弗具。復遣參政張澍等雜治之，竟致斌等於死。斌有文學，達政術，副阿里海牙取荆湖、廣海，屢建大功，多所全活。太子聞殺斌，方食，投箸惻然，遣使止之，不及。天下冤之。

十八年(辛巳、一二八一)閏八月，括江南户口税課。時京兆等路歲課，自一萬九千已增至五萬四千錠，阿合馬猶以爲未實，欲覈之，上察其非而止。

十九年(壬午、一二八二)三月，益都千户王著殺阿合馬於闕下。著因人心憤怨阿合馬，密鑄大銅鎚，與妖人高和尚謀擊殺之。時皇太子從帝如上都，而阿合馬留守京師。著以太子素惡其奸，乃遣二西僧至中書，詐稱皇太子還都作佛事。省中疑之。時高觿、張九思皆宿衞宮中，詰之，倉皇失對，遂執之，訊問不伏。及午，著復矯太子令，俾樞密副使張易發兵，夜會東宮。易不察，遽以兵往。觿問：「果何爲？」易附耳曰：「太子來誅左相也。」既而省中遣使出迎，悉爲僞太子所殺，奪其馬入建德門。夜二鼓，至東宮前，立馬呼省官至前，責阿合馬數語，著即牽去，以所袖銅鎚碎其腦，立斃。繼呼郝禎至，殺之。囚右丞(相)(據元史二〇五阿合馬傳、續綱目删)張惠。於是觿、九思開門大呼曰：「此賊也。」叱衞士急捕之。留守博敦持梃擊立馬者墜地，衆奔潰，多就擒。高和尚逃去，惟著挺身請囚。時帝在察罕腦兒，聞之，即遣和禮霍孫等歸討爲亂者。獲高和尚於高梁河，與王著、張易皆棄市。著臨刑大呼曰：「王著爲天下除害，今死矣。異日必有爲我書其事者！」復以張易從著爲亂，將傳首四方。張九思曰：「易應變不審則有之，坐以與謀則過矣。乞免傳首。」從之。

王惲曰：著激於義，捐一身爲天下除害。事既露，不去，自縛詣司敗，以至臨命，氣不少挫，視死如歸。誠殺身成名，死而不悔者也。律以春秋誅亂臣賊子之法，不以義與之可乎！

四月，詔戮阿合馬屍，遂窮治其黨。阿合馬既死，帝猶不深知其姦，及詢樞密副使孛羅，乃盡得其罪惡，始大怒曰：「王著殺之誠是也。」命發冢剖其棺，戮屍於通玄門外，縱犬食之。四民聚觀稱快。籍其家，得櫝藏二人皮。問之，其妾云：「每呪詛時，置神坐於上。」又以帛二幅畫甲騎圍守幄殿，兵皆張弦挺刃內向，狀涉不軌。遂并誅其子忽辛等四人。尋令中書悉罷黜其黨與，凡汰其官省、部者七百十四人，罷其濫設官府二百餘所。又以郝禎、耿仁黨惡尤甚，命剖禎棺戮其屍，下耿仁於獄，誅之。

初，阿合馬欲誣殺秦長卿、劉仲澤、亦麻都丁三人，兵部尚書張雄飛力持不可。阿合馬使人啗之曰：「誠能殺此三人，當處以參政。」雄飛曰：「殺人以求大官，不能爲也。」阿合馬怒，出爲澧州安撫使。累遷御史中丞，行御史臺事。阿合馬恐其子忽辛爲江淮右丞不爲所容，改陝西按察使，未行，阿合馬死，召拜參知政事。忽辛被逮，勑廷臣雜問。忽辛歷指宰執曰：「汝嘗受我家錢，何得問我！」雄飛曰：「我曾受否？」曰：「公獨無。」雄飛曰：「如是則我當問汝矣。」遂伏辜。

二十一年（甲申、一二八四）十一月，以安童爲右丞相，盧世榮爲右丞，史樞爲左丞，撒的迷失、廉希恕並參知政事。初，阿合馬專政，世榮以賄進爲江西榷茶運使，以罪廢。阿合馬死，朝臣諱言利，無以副上意者，總制院使桑哥薦世榮才能富國，召問稱旨，令與中書廷辨所欲行。右丞相和禮霍孫等皆以議不合罷去，故安童復爲右丞相，而以世榮爲右丞，史樞等皆世榮所薦也。世榮既入中書，即日奉詔理鈔法之弊，自謂其生財有法，用其法當賦倍增而民不擾。翰林學士董文用謂之曰：「此錢取於右丞家耶？取之民耶？取於右丞家則吾不知，若取於民則有說矣。牧羊者歲嘗兩翦其毛，今牧人日翦以獻，主者固悅其得毛之多，然羊無以避寒熱，既死且盡，毛又可得乎？民財有限，右丞將盡取之，得無有日翦其毛之患乎！」世榮不能對。御史中丞崔彧亦極言世榮不可相，帝大怒，下彧吏，欲置之法，尋罷之。

鈔法者，中統二年，王文統請造中統元寶交鈔，自十文至二貫文凡十等，不限年月，諸路通行，賦稅並聽收受，名交鈔法。

二十二年（乙酉、一二八五）二月，立規措所。初，盧世榮言：「天下歲課鈔九十萬餘，以臣經畫之，不取於民，可增三百萬。事未行而中外已非議，請與臺、院面議上前行之。」帝曰：「不必如此，卿但言之。」世榮乃言：「自王文統後，鈔法虛弊已久，宜括銅鑄錢，併製綾券，與鈔參行。泉、杭二州，宜立市舶轉運司，給民錢，令商販諸番，官取其息七，民取其三。各路雖設常平倉，名存實廢，宜取權豪所擅鐵冶鑄器鬻之，以其息儲粟平糴，則可均物價而獲厚利。民間酒課太輕，宜官給鈔行古榷酤法，仍禁民私酤，米一石取鈔十貫，可得二十倍。國家以兵得天下，不藉餽糧，惟資羊馬，宜於上都、隆興諸路，買幣帛易羊馬，選蒙古人牧之，歲收其皮毛筋角酥酪之用，以十之二與牧者，而馬以備軍興，羊以充賜予。」帝皆善而行之。至是，請立規措所，所司官吏以善賈爲之。帝曰：「此何職？」世榮曰：「規畫錢穀耳。」從之。又言：「天下能規運錢穀者，爲阿合馬所用，今悉以爲污濫黜之。臣欲擇而用之，懼有言臣私有罪者。」帝曰：「何必計此？第用其可用者。」於是擢用甚衆。

三月，立真定等路宣慰司，兼都轉運司，領課程事。盧世榮請於真定、濟南、太原、甘肅、江西、江淮、湖廣等處立宣慰司，兼都轉運司，以治課程。仍嚴立條例，禁諸司不得沮撓檢察。以宣德、王好禮並爲浙西宣慰使。帝曰：「宣德，人多言其惡。」世榮言：「彼自陳能歲辦鈔七十餘萬錠，是以用之。」

四月，監察御史陳天祥劾中書右丞盧世榮罪惡。世榮居中書數月，恃委任之專，肆無忌憚，眇視丞相。左司郎中周戭因議事微有可否，誣以沮詔旨入奏，令杖一百，斬之。朝廷震懾，無敢言者。至是天祥上疏言：「世榮始爲江西榷茶轉運使，屢犯贓罪，動數萬計。今竟不悛，狂悖尤甚，雖居丞轄，實專大政，恣行苛刻，大肆誅求，欲以一歲之期，致十年之積。攷其行事，不副所言。始言能令鈔法如舊，鈔今愈虛；始言能令百物自賤，物今愈貴；始言不取於民，能令課程增三百萬錠，今乃迫脅諸路官司虛增其數。凡若所爲，動爲民擾。脱不早有更張，須其自敗，正猶蠹雖（自）〔就〕（據續綱目、薛鑑改）除，木病深矣。」疏聞，詔丞相以下雜問其罪，令世榮、天祥皆赴上都。於是御史中丞阿剌帖木兒等以世榮所招罪狀上奏，世榮對於帝前，一一款服。詔安童與諸老臣議，「世榮所行，當罷者罷之，當更者更之。其所用人實無罪者，朕自裁決。」

九月，罷榷酤。初，民間酒聽自造，米一石官取鈔一貫。盧世榮以官鈔五萬錠立榷酤法，米一石取鈔十貫，增舊十倍。至是罷之，聽民自造。

十一月，盧世榮伏誅。世榮初以言利進，太子意深非之，曰：「財非天降，安能歲取盈乎。」桑哥素主世榮，聞太子言，默然不敢救。至是，世榮竟以誅死。

時帝春秋高，南臺御史有上書請内禪者，臺臣匿其章不敢聞，而阿合馬之黨塔即古阿（殺）〔散〕（據元史一三世祖紀、一七〇尚文傳、續綱目、薛鑑改）等請收百司吏案，鉤攷天下錢穀，欲因以發之。都事尚文曰：「是欲上危太子，下陷大臣，其謀奸矣。」遂語御史大夫及丞相，先入言之，以奪其謀。帝震怒曰：「汝等無罪耶！」丞相進曰：「臣等無所逃罪。但此輩名載刑書而爲此舉，實摇動人心耳。」太子聞之，竟以憂懼殂。

二十三年（丙戌、一二八六）秋七月，免左丞相䴉吉剌帶、平章政事阿必失合官，從總制（使）院〔使〕（據元史一四世祖紀、二〇五桑哥傳、續綱目、薛鑑改）桑哥之言也。桑哥爲人狡黠豪横，好言財利，帝深喜之，盧世榮誅，遂有大任之意。嘗令具省臣姓名以進，帝曰：「安童、郭（祐）〔佑〕（據元史二〇五桑哥傳、續綱目改。下同）楊居寬等並仍前職，䴉吉剌帶等其别議，仍選可代者以聞。」遂罷之。自是廷中有所建置，人才進退，桑哥咸與聞焉。

二十四年（丁亥、一二八七）閏二月，復置尚書省，以桑哥、鐵木兒並爲平章政事，阿魯渾薩里爲右丞，葉李爲左丞，馬紹參知政事。時麥朮督丁言：「自制國用使司改尚書省，頗有成效，今仍分兩省爲宜。」詔從之。安童諫曰：「臣力不能回天，但乞不用桑哥，别選賢者，猶或不至虐民誤國。」不聽。

三月，行至元鈔。桑哥以交鈔及中統元寶，行之既久，物重鈔輕，遂建議更造至元鈔行之，自一貫至五十文，凡十有一等，每一貫文視中統鈔五貫文。

十一月，以桑哥爲尚書右丞相，阿魯渾薩里平章政事，葉李爲右丞，馬紹爲左丞。初，桑哥奉詔檢覈中書省虧欠鈔六千餘錠，參知政事楊居寬微自辨，以爲實掌銓選，錢糧非所專。桑哥怒，令左右掌其頰，遂與郭（祐）〔佑〕皆引服。事聞，帝令丞相安童共議之，曰：「此曹狡猾，無令他日得以脅問誣服爲詞。」由是(祐)〔佑〕、居寬皆坐棄市，籍其家，人咸冤之。時有江寧縣達魯花赤吳德者，憤言：「尚書今日鉤考中書不遺餘力，他日復爲中書鉤考，爾獨不死耶！」或以告桑哥，乃捕德殺之。未幾，帝問翰林諸臣，言：「以丞相領尚書省事，漢、唐有此制否？」咸曰：「有之。」而左丞葉李遽言：「前省臣所不能者，桑哥舉能行之，宜以爲丞相。」遂授桑哥尚書右丞相，進李右丞。

二十五年(戊子、一二八八)冬十月，遣使鉤考諸路錢穀。初，桑哥摘委六部鉤考百司倉庫財穀，復以爲不專其任，遂置徵理司以主之。時理算之計行，入倉庫司錢穀者無不破産，及當更代，人皆棄家避之。桑哥又言：「湖廣錢穀已責償於平章要束木。他省欺盜者必多，請以參知政事忻都等十二人理算江淮、江西、福建、四川、甘肅、安西六省耗失之數，給兵以衛其行。」詔皆從之。

十一月，立桑哥德政碑。時天下騷然，而江淮尤甚，讒佞之徒方且諷請立石爲桑哥頌德。帝曰：「民欲立則立之，仍告桑哥，使之喜也。」碑成，樹之省前，題曰王公輔政之碑。

時董文用爲御史中丞，獨不附。桑哥使人諷文用頌己功德，不答。又自謂文用曰：「百官皆具食丞相府矣。」亦不答。會朔方軍興，而征求愈急。文用曰：「民急矣。外難未除，而内傷其根本，丞相宜思之。」因持郡國所上盜賊之目，謂之曰：「百姓非不欲安樂，急法暴斂〔使〕

（據元史一四八董文用傳補）至此。御史臺所以救時政之不及，丞相當有以助之，不當抑之也。」桑哥愈恨之，日摭臺事譖於帝，言文用戇傲沮法，欲罪之。帝曰：「彼御史職也，何罪之有。」

二十六年（己丑、一二八九）十二月，紹興路總管府判官白絜矩言：「宋宗室居江南非便，宜悉遷京師。」桑哥以聞。擢絜矩爲尚書省舍人，遣詣江南，發兼併户偕宋宗室至京師。既而江淮行省言：「江南之民方患增課、料民、括馬之苦，今此舉必致人心搖動，宜且止。」從之。時桑哥專政，法令苛急，四方騷動。程鉅夫入朝，上疏曰：「臣聞天子之職，莫大於擇相；宰相之職，莫大於進賢。苟不以進賢爲急，而惟以殖貨爲心，非爲上爲德、爲下爲民之意也。昔漢文帝以決獄及錢穀問丞相周勃，勃不能對。陳平進曰：『陛下問決獄責廷尉，問錢穀責治粟内史。宰相上理陰陽，下遂萬物之宜，外鎮撫四夷，内親附百姓。』觀其所言，可以知宰相之職矣。今權奸用事，立尚書鈎攷錢穀，以剥割生民爲務，所委任者率皆貪饕邀利之人。江南盜賊竊發，良以此也。臣竊以爲宜清尚書之政，損行省之權，罷言利之官，行恤民之事，於國爲便。」桑哥大怒，羈留京師不遣，奏請殺之，凡六奏，帝〔皆〕（據元史一七二程鉅夫傳、續綱目、薛鑑補）不許。

二十七年（庚寅、一二九〇）八月朔，日食。地大震，武平尤甚。

九月，武平地復大震，地陷，黑沙水湧出，壞官署四百八十間，民居不可勝計，壓溺死傷者數十萬人。帝深憂之。時駐蹕龍虎臺，遣阿魯渾薩里召集賢、翰林兩院官，詢致災之由。議者畏桑哥，但泛引經傳五行災異之言，莫敢指切時政。時桑哥遣忻都、王巨濟等理算天下錢穀，已徵者數百萬，未徵者尚數千萬，民不聊生，自殺者相屬，逃山林者則發兵捕之。於是集賢直學士趙孟頫因阿魯渾薩里入奏於帝，謂須下詔蠲除，庶幾天變可弭。帝從之，詔草已具，桑哥怒曰：「此必非帝意。」孟頫曰：「凡錢穀未徵者，其人死亡已盡，何所從取？非及時除免之，他日言事者，倘以失陷錢穀數千萬歸咎尚書省，豈不爲丞相深累耶！」桑哥悟，遂赦天下，民賴稍蘇。

二十八年（辛卯、一二九一）春正月，桑哥及阿魯渾薩里等以罪免。先是帝嘗以葉李、留夢炎優劣問趙孟頫，孟頫對曰：「夢炎臣父執，其人重厚，篤於自信，好謀能斷，有大臣器。葉李所讀之書，臣皆讀之，其所知所能，臣皆知之能之。」帝曰：「汝以夢炎賢於李耶？夢炎在宋爲狀元，位至丞相，當賈似道誤國罔上，夢炎阿附取容，李布衣，乃伏闕上書，是賢於夢炎也。」孟頫退，謂奉御徹里曰：「上論賈似道誤國，責留夢炎不言。桑哥罪甚於似道，而我等不言，他日何以辭其責？然我疏遠之臣，言必不聽。侍臣中讀書知義理，慷慨有大節，又爲上所親信，無踰公者。夫捐一日之命，爲萬姓除殘賊，仁者之事也。公必勉之！」時帝畋漷北，徹里乘間入言之，詞語激烈。帝怒，謂其詆毀大臣，命衛士批其頰，血湧口鼻，委頓地上。少間，復呼而問之，辨愈力，曰：「臣與桑哥無讐，所以力數其罪而不顧身者，正爲國家計耳。苟畏聖怒而不言，則奸臣何時除，民害何時息！」帝大悟，召不忽木問之，對曰：「桑哥壅蔽聰明，紊亂朝政，有言者即誣殺之。今百姓失業，盜賊蜂起，召亂在朝夕，非亟誅之，恐爲陛下憂。」時廷臣言者益衆，遂詔臺、省相與辨駁之，桑哥詞屈。帝曰：「桑哥爲惡，始終四年，臺臣豈不知之。知而不言，當得何罪？」御史杜思敬曰：「奪官追俸，惟上所裁。」遂斥罷臺臣之久任者，免桑哥等官，命徹里帥衞士三百人籍桑哥家，得珍寶如内藏之半。阿魯渾薩里以連坐，亦籍其資。

二月，罷徵理司。詔下之日，百姓相慶，而各路鉤考猶未盡罷。既而御史言：「鉤考錢穀，自中統至今，餘三十年，更阿合馬、桑哥當國，設法已極，而其黨公取賄賂，民不能堪，不如罷之便。」詔從之，仍命取昔逋負錢穀文牘，聚置一室，非上命而竊視者罪之。

初，桑哥欲殺楊居寬、郭（祐）〔佑〕，刑部尚書不忽木争之不得，桑哥深忌之，謂其妻曰：「他日籍我〔家〕（據元史一三〇不忽木傳、續綱目、薛鑑補）者，必此人也。」因其退食，責以不入曹治事，欲加之罪，遂以疾免。至是，帝欲用爲相，謂之曰：「朕過聽桑哥，致天下不安，今雖悔之已無及。朕識卿，幼時使（學）從〔學〕（據同上書改），政欲備今日之用。」不忽木曰：「朝廷勳舊，齒爵居臣右者尚多，今不次用臣，無以服衆。」帝曰：「然則孰可？」曰：「太子詹事完澤可。嚮者籍阿合馬家，其賂遺近臣，皆有簿籍，惟無完澤名。又嘗言桑哥爲相必敗國事，今果如其言，是以知其可也。」乃拜完澤右丞相，不忽木平章政事。

三月，仆桑哥輔政碑。初，帝命翰林學士閻復撰文，復至是已改廉訪使，亦坐免。

夏四月，中書省臣麥朮督丁、崔彧言：「桑哥當國四年，中外百官鮮〔有〕（據元史一七三崔彧傳、續綱目、薛鑑補）不以賄而得者，昆弟、故舊、親族皆授要官美地，惟以欺蔽九重，朘削百姓爲事。宜令兩省嚴加攷覈，凡入其黨者，並除名爲民。」從之。

湖廣平章政事要束木者，桑哥妻黨也，尤爲不法。逮至京師，籍其家貲，黄金至四千兩。遂詔下桑哥獄，復繫要束木還湖廣，誅之。初，要束木因人言湖廣初附時，郡縣長吏及吏胥富人，比屋斂銀，將輸之官，銀已具而事中止，即不令責民自實。使者旁午，隨地置獄，株連蔓引，備極慘酷，民以拷掠瘐死者載道。所獲不貲，要束木悉掩有之。使至永州，判官烏古孫澤宛曲以利害曉之，卒無所擾。既見鉤攷日急，天下騷動，歎曰：「民不堪命矣！」即（日）〔自〕（據元史一六三烏古孫澤傳、續綱目、薛鑑改）上計行省。要束木怒曰：「郡國錢糧無不增羨，永州何獨不然？此直孫府判倚其才辨慢我。」亟拘繫之，欲寘於死。至是，因桑哥敗，始得釋。

秋七月，揚州路學正李淦上言：「葉李本一黥徒，方受上知，即以舉桑哥爲第一事。致以非罪誅貶大臣，遣使四出，鉤攷錢穀，民怨而盜發，天怒而地震，水災薦至。人皆知桑哥用羣小之罪，而不知葉李妄舉桑哥之罪。宜斬葉李以謝天下。」召淦詣京師置對，淦至而李卒。除淦江陰路教授，以旌直言。給還行臺御史周祚妻子。祚嘗劾桑哥，流祚於憨答孫，妻子家貲入官，至是還之。是月，桑哥伏誅。

二十九年（壬辰、一二九二）三月，誅桑哥黨納速剌丁等。初，桑哥既敗，納速剌丁滅里、忻都、王巨濟等俱逮下獄。至是，御史臺言其「黨比桑哥，恣爲不法。理算江南錢穀，極其酷虐，民嫁妻賣女，殃及親鄰，維揚、錢塘受禍最慘，無辜死者五百餘人。天下之人莫不思食其肉。今三人既已伏辜，乞誅之以謝天下。」帝以忻都長於理財，欲釋之，不忽木力争不可，日中凡七奏，卒併誅之。時麥朮督丁請復立尚書省，專領右三部。不忽木曰：「阿合馬、桑哥相繼誤國，身誅家滅。前鑒未遠，奈何又欲效之乎！」事遂寢。

五月，中書省臣言：「妄人馮子振嘗爲詩譽桑哥，及桑哥敗，即告詞臣撰碑引諭失當。國史院編修陳孚發其姦狀。」帝曰：「詞臣何罪？必以譽桑哥爲罪，則在廷諸臣誰不譽之，朕亦嘗譽之矣。」是月，詔以楊居寬、郭（祐）〔佑〕死非其罪，給還其（身）〔家〕（據元史一七世祖紀、薛鑑改）貲。

成宗元貞元年（乙未、一二九五）五月，省臣言：「阿合馬、桑哥怙勢賣官，不別賢否，選法大壞。」乃詔麥朮督丁與何榮祖等釐正之。

元史紀事本末卷八

科舉學校之制

世祖至元二十一年（甲申、一二八四）十一月，詔議立科舉法，不果行。元自太宗下中原，用耶律楚材議，命朝臣歷諸路考試，以論及經義、詞賦分爲三科，作三日程，專治一科，能兼者聽。得東平楊英等若干人，皆一時名士。而廷議或以爲非便，事復中止。至元初，丞相史天澤、學士王鶚屢請帝以科舉取士，詔令中書議定程式。又請依前代立國學，選蒙古人諸職官子孫百人教習，俟其藝成，然後試用。皆未及施行。至是，丞相和禮霍孫與留夢炎等復言：「天下習儒者少，而由刀筆吏得官者多。」帝曰：「將若之何？」對曰：「惟貢舉取士爲便。凡蒙古之士及儒吏、陰陽、醫術，皆令試舉，則用心爲學矣。」帝可其奏。繼而許衡亦議學校科舉之法，罷詩賦，重經學，定爲新制。會和禮霍孫罷，事遂止。

二十四年（丁亥、一二八七）閏二月，初置國子監，以耶律有尚爲祭酒。初，太宗設總教國子之官。至元初，以許衡爲祭酒，而侍臣子弟就學者纔十餘人。衡既去，教益廢，而學舍未建，師生寓居民舍。國子司業耶律有尚屢以爲言，始立國子監，設監官，增廣弟子員，遂以有尚爲祭酒。

設江南各路儒學提舉司。時江南諸縣各置教諭二人，又用廷臣議，諸道各置提舉司，設提舉儒學二人，統諸路、府、州、縣學祭祀錢糧之事。未幾，復從桑哥等言，鉤考江南學田所入羨餘，貯集賢院，以給有才藝之士。

二十六年（己丑、一二八九）秋八月，始置回回國子學。

二十七年（庚寅、一二九〇）春正月，勅從臣子弟入國子學。

立興文署，掌經籍版及江南學田錢穀。

二十八年（辛卯、一二九一）春正月，令江南諸路學及各縣學内設立小學，選老成之士教之。其他先儒過化之地，名賢經行之所，與好事家出錢粟贍學者，並立爲書院。凡師儒之命於朝廷者，曰教授，路、府、上中州置之；命於禮部及行省及宣慰司者，曰學正、山長、學録、教諭，路、州、縣及書院置之。

成宗元貞元年（乙未、一二九五）三月，增置蒙古學政，以肅政廉訪司領之。

秋七月，詔申飭中外，有儒吏兼通者，各路舉之廉訪司，每道歲貢二人，省、臺立法考試，中程者用之。所貢不公，罪其舉者。

大德八年（甲辰、一三〇四），增蒙古國子生〔三〕〔一一〕（據元史二一成宗紀、續綱目、薛鑑改）百員，選宿衞大臣子弟充之。

武宗至大元年（戊申、一三〇八），召吳澄爲國子監丞。先是許衡爲祭酒，學者興起，久之漸失其舊。澄至，諸生以次授業。日昃，退燕居之室，執經問難者接踵而至。澄各因其材質，反覆訓誨之。

四年（辛亥、一三一一）夏四月，勅：「國子監師儒之職，有才德者不拘品級選用。」初，帝命李孟領國子學，諭之曰：「國學，人材所自出，卿宜數課諸生，勉其德業。」又嘗諭省臣曰：「昔世祖注意國學，如不忽木等皆蒙古人，而教以成材。朕今親定國子生爲三百人，仍增陪堂生二十人，通一經者以次補伴讀，著爲式。」至是，孟等言：「方今進用儒者，而老成日以凋謝，四方儒士有成材者，請擢任國學、翰林、秘書、太常或儒學提舉等職，俾學者有所激勸。」帝從之。

仁宗皇慶元年（壬子、一三一二）二月，以吳澄爲司業。澄用宋程顥學校奏疏，胡瑗六學教法，朱熹學校貢舉私議，約之爲教法四條：一曰經學，二曰行實，三曰文藝，四曰治事。未及行。又嘗爲學者言，朱子於「道問學」之功居多，而陸子靜以「尊德性」爲主。問學不本於德性，則其弊必偏於言語訓釋之末，故學必以德性爲本，庶幾得之。議者遂以澄爲陸氏之學，非許氏尊信朱子本意，然亦莫知朱、陸之爲如何也。澄一夕謝去，諸生有不謁告而從之南者。俄拜集賢直學士，以疾不赴。

二年（癸丑、一三一三）冬十月，中書省臣上言：「科舉事，世祖朝屢嘗命（下）〔行〕（據元史八一選舉志、王圻續通考四四選舉考改），成宗、武宗尋亦有旨，今不以聞，恐或有沮其事者。夫取士之法，經學實修己治人之道，詞賦乃摛章繪句之學，自隋、唐以來，取人專尚詞賦，故士習浮華。今臣等所擬，將律賦省題詩小（賦）〔義〕（據同上書改）皆不用，專立德行（習）〔明〕（據同上書改）經科，以此取士，庶可得人。」帝然之。

十一月，下詔曰：「惟我祖宗以神武定天下，世祖皇帝設官分職，徵用儒雅，崇學校爲育材之地，議科舉爲取士之方，規模弘遠矣。朕以眇躬，獲承丕祚，繼志述事，祖訓是式。若稽三代以來，取士各有科目，要其本末，舉人宜以德行爲首，試藝則以經術爲先，詞章次之，浮華過實，朕所不取。爰命中書，參酌古今，定其條制。其以皇慶三年八月，天下郡縣舉其賢者能者，充賦有司。次年二月，會試京師，中選者朕將親策焉。科場，每三歲一次開試。舉人，從本貫官司於諸色户内推舉，年及二十五以上，鄉黨稱其孝弟，朋友服其信義，經明行修之士，以（次）〔禮〕（據同上書改）敦遣。其或徇私濫舉，併應舉而不舉者，監察御史、肅政廉訪司體察究治。考試程式，蒙古、色目人第一場經問五條，大學、論語、孟子、中庸内設問，用朱氏章句、集註。其義理精明，文詞典雅者，爲中選。第二場策一道，以時務出題，限五百字以上。漢人、南人第一場明經、經疑二問，大學、論語、孟子、中庸内出題，並用朱氏章句、集註，復以己意結之，限三百字以上。經義一道，各治一經，詩以朱氏爲主，尚書以蔡氏爲主，周易以程氏、朱氏爲主，以上三經，兼用古註疏，春秋許用三傳及胡氏傳，禮記用古註疏，限五百字以上，不拘格〔律〕（據元史八一選舉志補）。第二場古賦、詔誥、章表内科一道，古賦、詔誥用古體，章表四六，參用古體。第三場策一道，經史時務内出題，不矜浮藻，惟務直述，限一千字以上。蒙古、色目人願試漢人、南人科目，中選者加一等注授。蒙古、色目人作一榜，漢人、南人作一榜。第一名賜進士及第，從六品，第二名以下及第二甲，皆正七品，三甲皆正八品，兩榜並同。」

時朝廷方以科舉取士，説者謂治平可立致，集賢修撰虞集獨謂當治其源，因會議學校，乃上議曰：「師道立則善人多。學校者，士之所受教以至於成德達材者也。今天下學官，猥以資格授，强加之諸生之上，而名之曰師耳，有司弗信之，生徒弗信之，於學校無益也。如此而望師道之立，可乎？下州小邑之士無所見聞，父兄所以導其子弟，初無必爲學問之實意，師友之游從亦莫辨其邪正，然則所謂賢材者，非自天降地出，安有可望之理哉！爲今之計，莫若使守令求經明行修成德者，身師尊之，至誠懇惻以求之，其德化之及，庶乎有所觀感也。其次則求夫操履(方)〔近〕(據元史一八一虞集傳、薛鑑改)正而不爲詭異駭俗者，確守先儒經義師說而不敢妄爲奇論者，衆所敬服而非鄉愿之徒者，延致之日，諷誦其書，使學者習之，入耳著心，以正其本，則他日亦當有所發也。其次則取鄉貢至京師罷歸者，其議論文藝猶足以聳動其人，非若泛泛莫知根柢者矣。」

延祐元年(甲寅、一三一四)十二月，復以齊履謙爲國子司業。初，履謙與吳澄俱在國學，既罷去，學制稍廢。至是，復以履謙爲司業。乃酌舊制，議立升齋積分之法。每季考其學行，以次(第)〔遞〕(據元史一七二齊履謙傳改)升，既升上齋，踰再歲始與私試，辭理俱優者一分，辭平理優者爲半分，歲終積至八分者爲高等，禮部、集賢歲選六人以貢。帝從其議。

二年(乙卯、一三一五)三月，廷試進士，賜護都沓兒、張起巖等及第、出身有差。

夏四月，賜進士恩榮宴於翰林院。又賜會試下第舉人七十以上從七品流官致仕，六十以上府州教授，餘並授山長、學正。

泰定帝泰定二年(乙丑、一三二五)閏正月，詔：「以近歲公卿大夫子弟與凡民之子入學者衆，其學官及生員五十餘人，已給廩膳者二十七人外，助教一人、生員二十四人廩膳，並令給之。學之建置在於國都，凡百司庶府所設譯(吏)〔史〕(據元史八一選舉志改)，皆從本學取以充之。」

順帝元統二年(甲戌、一三三四)三月，詔：「科舉取士，國子學積分，〔悉依累朝舊制〕(據元史三八順帝紀補)。學校官選有德行學問之人以充。」

至元元年(乙亥、一三三五)十一月，詔罷科舉。初，徹里帖木兒爲江浙平章，會科舉，驛請考官，供張甚盛，心不能平。及復入中書省，首議罷科舉，及論學校莊田租可給宿衛士衣糧，動當國者以發其機，又欲損太廟四祭爲一。於是御史呂思誠等列其罪狀〔劾之〕(據元史一四二徹里帖木兒傳、續綱目補)，不報，而思誠出爲廣西僉事。時罷科舉詔已書而未用璽，參政許有壬爭之，丞相伯顏怒曰：「汝風臺臣言徹里帖木兒耶！」有壬曰：「太師擢徹里帖木兒在中書，御史三十人不畏太師而聽有壬，豈有壬權重於太師耶？」伯顏意稍解。有壬乃曰：「科舉若罷，天下才人觖望。」伯顏曰：「舉子多以贓敗。」有壬曰：「科舉未行時，臺中贓〔罰〕(據同上書改)無算，豈盡出於舉子？」伯顏曰：「舉子中可任用者，惟參政耳。」有壬曰：「若張(伯誠)〔夢臣〕(據同上書改)、馬伯庸輩，皆可任大事。如歐陽玄之文章，亦豈易及。」伯顏曰：「科舉雖罷，士之欲求美衣食者，自能向學。」有壬曰：「爲士者初不事衣食。」伯顏曰：「科舉取人，實妨選法。」有壬曰：「今通事、知印等，天下凡三千三百餘名，今歲自四月至九月，白身補官受宣者亦且七十(三)〔二〕(據同上書改)人，而科舉一歲僅三十餘人。科舉於選法果相妨乎？否也。」伯顏不聽。翊日宣詔，特令有壬爲班首以折辱之，有壬懼禍不敢辭。治書侍御史溥化誚有壬曰：「參政可謂過(橋)〔河〕(據同上書改)拆橋者矣。」有壬以爲大恥，移疾不出。

六年(庚辰、一三四〇)十二月，詔復行科舉。時科舉既輟，翰林學士承旨(巙巙)〔巙巙〕(據標點本元史三四文宗紀、元史類編二三本傳改。巙音撓)從容言曰：「古昔取人才以濟世用必由科舉，何可廢也。」帝納其言，復詔行之。國子監積分生員，三年一次依科舉例入會試，中者取一十八名。

初，世祖下雲南，以賽典赤爲行省平章政事。時雲南俗無禮儀，男女往往自相配合，親死則火之，不爲喪祭，子弟莫知讀書者。賽典赤始教民跪拜之節，婚姻行媒，死者爲之棺槨奠祭，創建孔子廟明倫堂，購經史，置學田。其後賽典赤子忽辛相繼爲行省右丞，復請下雲南諸路，遍立孔子廟，選經學之士爲之教官，而文風始興。元世學校之盛，遠被遐荒，亦自昔所未有云。

史臣曰：元初，太宗始得中原，輒用耶律楚材言，以科舉選士。世祖既定天下，王鶚獻計，許衡立法，事未果行。至仁宗延祐間，始斟酌舊制而行之，取士以德行爲本，試藝以經術爲先，士褒然舉首應上所求者，皆彬彬輩出矣。然當時仕進有多歧，銓衡無定制。其出身於學校者，有國子監學，有蒙古字學、回回國學，有醫學，有陰陽學。其策名於薦舉者，有遺逸，有茂異，有求言，有進書，有童子。其出於宿衛、勳臣之家者，待以不次。其用於宣徽、中政之屬者，重爲内官。又廕敍有循常之格，而超擢有選用之科。由直省、侍儀等入官者，亦名清望。以倉庾、賦税任事者，例視冗職。捕盜者以功敍，入粟者以貲進，至於工匠皆入班資，而輿隸亦躋流品。諸王、公主，寵以投下，俾之保任。遠夷、外徼，授以長官，俾之世襲。凡若此類，殆所謂吏道雜而多端與。矧夫儒有歲貢之名，吏有補任之法。曰掾史、令史，曰書寫、銓寫，曰書吏、典吏，所設之名，未易枚舉。曰省、臺、院、部，曰路、府、州、縣，所入之途，難以指計。雖名卿大夫，亦往往由是躋要階，受顯爵，而刀筆下吏，遂至竊權勢，舞文法矣。故其銓選之備，考核之精，曰隨朝、外任，曰省選、部選，曰文官、武官，曰考數，曰資格，一毫不可越。而或援例，或借資，或優陞，或回降，其縱情破律，以公濟私，非至明者不能察焉。是皆文繁吏弊之所致也。

元史紀事本末卷九

郊議

成宗大德六年（壬寅、一三〇二）三月，合祭昊天上帝、皇地祇、五方帝於南郊，遣左丞相哈剌哈孫行事。先是，國俗代有拜天之禮，衣冠器用，皆從其初。憲宗二年秋，始以衮冕拜天於日月山。（其冬）（按：元史七二祭祀志記此事在秋八月，原文作「其十二日」，本書誤以「日」字爲「月」字，寫成「其冬」，故删）又用孔氏子孫元措議，合祭昊天、后土，始大合樂，作牌位，以太祖、睿宗配。世祖中統二年夏，親征北方，躬祀天於舊（檀）〔桓〕州（據元史七二祭祀志、王圻續通考一〇四郊社考改）之西北，灑馬湩以爲禮，皇族外不得與，盡如國俗。至元十二年冬，以受尊號，遣使豫告天地，下太常檢討唐、宋、金舊儀，於國陽麗正門東南七里築臺，設昊天上帝、皇地祇位二，行一獻禮。自後國有大典禮，皆卽南郊告謝焉。十三年夏，以下江南遣使告天地，中書下太常議定儀物以聞。制曰：「其以國禮行事。」三十一年，帝卽位。夏，始爲壇於都城南七里，遣司徒兀都帶率百官爲大行皇帝請謚南郊，爲告天請謚之始。至是年三月，乃合祭昊天、皇地祇、五方帝於南郊，遣左丞相哈剌哈孫攝事，是爲攝(事)〔祀〕(據元史七二祭祀志改)天地之始。

九年(乙巳、一三〇五)二月，復定郊祀禮。丞相哈剌哈孫等言：「祈天保民之事，有天子親祀者三：曰天，曰祖宗，曰社稷。今宗廟、社稷，歲時攝官行事。祭天，國之大事也，陛下雖未及親祀，宜如宗廟、社稷，遣官攝祭，歲用冬至，有司豫備儀物，至期以聞。」制下翰林、集賢、太常禮官皆會中書集議。議曰：「周禮，冬至圜丘惟祀昊天上帝。至西漢元始間，始合祭天地。歷東漢至宋，千有餘年，分祭合祭，迄無定論。時既不同，禮樂亦異，王莽之制，何足法也。今當循唐、虞、三代之典，惟祀昊天上帝。其方丘祭地之禮，續議以聞。」又：「按周禮壇壝三成，近代增四成，以廣天文從祀之位。今宜去其一成，以合陽奇之數。每成高八尺一寸，以合乾之九九。壇設丙巳之地，以就陽位。」又：「古者器用陶匏，席用藁秸，以祀天。唐、宋而後，禮樂玉帛日益繁縟，宋、金多循唐禮。今欲修嚴，非倉卒所能備舉，宜取唐制損益而行之。」既而太常復議尊祖配天之儀，省臣曰：「自古漢人有天下，率尊祖以配天。今宗廟已有時享，郊祭止天爲宜。」中丞何瑋曰：「嚴父配天，不易之制也。」不從。是歲郊祀，配位遂省。

武宗至大二年(己酉、一三〇九)冬十月，復議郊祀禮。尚書省臣及太常禮官言：「郊祀者國之大禮，今南郊之禮已行而未備，北郊之禮尚未舉行。今年冬至南郊，請以太祖聖武皇帝配享。明年夏至北郊，以世祖皇帝配。」帝皆是之。

三年（庚戌、一三一〇）春正月，議北郊從祀、朝日夕月禮。博士李之紹、蔣汝礪議曰：「按方丘之禮，夏以五月，商以六月，周以夏至，其丘在國之北，禮神之玉以黃琮，牲用黃犢，幣用黃繒，配以后稷。其方壇之制，漢去都城四里，爲壇四陛；唐去宮城北十四里，爲方壇（北）〔八〕（據同上書改）角三成；宋至徽宗始定爲再成。歷代制雖不同，然無出於三成之式。今擬取坤數用六之（議）〔義〕（據同上書改），去都城北六里，於壬地選善地，於中爲方壇，三成四陛，外爲三壝。仍依古制，於外壝之外，治四面稍低下，以應澤中之制。宮室、牆垣、器皿色並用黃。其神州地祇以下從祀，自漢以來，歷代制度不一，至唐始因隋制，以嶽鎮、海瀆、山林、川澤、丘陵、墳衍、原隰，各從其方從祀。今盍參酌舉行。」九月，太常禮院復下博士檢討儀物。是年十一月，有事於南郊，以太祖配，五方帝、日、月、星、辰從祀。

仁宗延祐元年（甲寅、一三一四）夏四月，太常寺復請立北郊，帝不從，北郊之議遂輟。

英宗至治二年（壬戌、一三二二）九月，詔議南郊祀事。中書平章買閭，御史中丞曹立，禮部尚書張埜，學士蔡文淵、袁桷、鄧文原，太常禮儀院使王緯、田天澤，博士劉致等，會都堂議。、

一曰年分。按前代多三年一祀，天子卽位已及三年，（常）〔當〕（據王圻續通考一〇四郊

社考改）有旨欽依。

二曰神位。周禮大宗伯：「以禋祀祀昊天上帝。」〔注謂：「昊天上帝」〕（據元史七二祭祀志補），冬至圜丘所祀天皇大帝也。」又〔曰〕（據同上書補）：「蒼璧禮天。」注云：「此禮天以冬至，謂天皇大帝也。在北極，謂之北辰。」又云：「北辰，天皇耀魄寶也，又名昊天上帝，又名太一帝君，以其尊大，故有數名。」今按晉書天文志，中宮「鉤陳〔口〕（據同上書補）中一星曰天皇大帝，其神耀魄寶。」周禮所祀天神正言昊天上帝，鄭氏以星經推之，乃謂即天皇大帝。然漢、魏以來，名號亦復不一。漢初曰上帝，曰太一，曰皇天上帝。魏曰皇皇帝天。梁曰天皇大帝。惟西晉曰昊天上帝，與周禮合。唐、宋以來，壇上既設昊天上帝，第一等復有天皇大帝，其五(大)〔天〕（據同上書改）帝與太一、天一等，皆不經見。本朝大德(元)〔九〕（據同上書改）年中書圓議，止依周禮祀昊天上帝。至大三年圓議，五帝從享，依前代通祭。

三曰配位。孝經曰：「孝莫大於嚴父，嚴父莫大於配天。」又曰：「郊祀后稷以配天。」此郊之所以有配也。漢、唐以下，莫不皆然。至大三年冬十月三日奉旨，十一月冬至，合祭南郊，太祖皇帝配。圓議，取旨。

四曰告配。禮器曰：「魯人將有事於上帝，必先有事於頖宮。」註：「告后稷也，告之者將以配天也。」告用牛一。宋會要於致齋二日，詣廟告配，凡遣官犧尊豆籩，行一獻禮。至大三年十一月冬至日，以質明行事，初獻，攝太尉同太常禮儀院官詣太廟奏告。圓議，取旨。

五曰大裘冕。周禮，司裘「掌爲大裘，以共王祀天之服」。鄭司農云：「黑羊裘服以祀天，尚質也。」弁師「掌王之五冕」。注：「冕服有六而言五者，大裘之冕蓋無旒，不聯數也。」禮記郊特牲曰：「郊之祭也，迎長日之至也。祭之日，王被袞以象天，戴冕〔璪〕（據王圻續通考一〇四郊社考及禮記原文補）十有二旒，則天數也。」陸佃曰：「禮不盛服不充，蓋服大裘以袞襲之也，謂冬祀服大裘，被之以袞。」開元及開寶通禮，鑾駕出宮，服袞冕至大次，質明，改服大裘冕而出次。宋會要，紹興十三年，車駕自廟赴青城，服通天冠、絳紗袍。祀日，服大裘袞冕。圓議用袞冕，取旨。

六曰匏爵。郊特牲曰：「郊之祭也，器用陶匏，以象天地之性也。」注謂：「陶，瓦器。匏，用酌獻酒。」開元禮、開寶禮皆有匏爵。大德九年，正、配位用匏爵有（玷）〔坫〕（據同上書改）。圓議，正位用匏，配位飲福用玉爵，取旨。

七曰戒誓。唐通典引禮經，祭前期十日，親戒百官及族人，太宰總戒羣官。唐前祀七日，宋會要十日。纂要，太尉南向，司徒亞終獻、一品二品從祀北向，行事官以次北向，禮直官以誓文授之太尉讀。今天子親行大禮，止令禮直局管勾讀誓文。圓議，令管勾代太尉讀誓，刑部尚書蒞之。

八曰散齋、致齋。禮經前期十日，唐、宋、金皆七日，散齋四日，致齋三日。國朝親祀太廟七日，散齋四日於別殿，致齋三日於大明殿。圓議依前七日。

九曰藉神席。郊特牲曰：「莞簟之安，而蒲越稾鞂之尚。」（按）〔注〕（據元史七二祭祀志改）：「蒲越稾鞂，藉神席也。」漢舊儀，高帝配天紺席，祭天用六綵綺席六重。成帝即位，丞相衡、御史大夫譚以爲天地尚質，宜皆勿修，詔從焉。唐麟德二年，詔曰：「自處以厚，奉天以薄，改用裀褥。上帝以蒼，其餘各視其方色。」宋以褥加席上，禮官以爲非禮，元豐元年奉旨不設。國朝大德九年，正位稾鞂，配位蒲越，冒以青繒。至大三年，加青綾褥，青錦方〔座〕（據同上書補）。圓議，合依至大三年於席上設褥，各依方位。

十曰（特）〔犧〕（據同上書改）牲。郊特牲曰：「郊特牲而社稷太牢。」又曰：「天地之牛角繭栗。」秦用騮駒。漢文帝五帝共一牲。武帝三年一祀，用太牢。光武采元始故事，天地共犢。隋上帝、配帝，（用）〔蒼〕（據同上書改）犢二。唐開元用牛。宋正位用蒼犢一，配位太牢一。本朝大德九年，蒼犢二，羊豕各九。至大三年，馬純色肥腯一，牲正副一，鹿一十八，野猪一十八，羊一十八。圓議依舊儀，神位配位用犢外，仍用馬，其餘並依舊日已行典禮。

十一曰香鼎。大祭有三，始煙爲歆神，始宗廟則焫蕭祼鬯，所謂臭陽達於牆屋者也。後世焚香蓋本乎此，而非禮經之正。至大三年，用陶瓦香鼎五十，神座香鼎、香盒案各一。圓議依舊儀。

十二曰割牲。周禮司士：「凡祭祀，帥其屬而割牲，羞俎豆。」又諸子：「大祭祀，正六牲之體。」禮運云：「腥其俎，熟其殽。」「體其犬豕牛羊。」注云：「腥其俎，謂豚解而腥之」，爲七體也。「熟其殽，謂體解而爓之」，爲二十一體也。「體其犬豕牛羊，謂分別骨肉之貴賤以爲衆俎也。」七體謂脊、兩肩、兩拍、兩髀。二十一體謂肩、臂、臑、膊、骼、正脊、脡脊、横脊、正脅、短脅、代脅并腸三、胃三、拒肺一、祭肺三也。宋元豐三年詳定禮文所言：「古者祭祀用牲，有豚解，有體解。豚解則爲七以薦腥，體解則爲二十一以薦熟。」蓋犬豕牛羊分別骨肉貴賤，其解之爲體則均也。皇朝馬牛羊豕鹿，並依至大三年割牲用國禮。圓議依舊儀。

十三曰大次、小次。周禮掌次：「王旅上帝，張氊(按)〔案〕，設皇邸」（據欽定續通考六六郊社考及周禮原文改補）。」唐通典：「前祀三日，尚舍直長施大次於外壝東門之内道北，南向。」宋會要：「前祀三日，儀鸞司帥其屬，設大次於外壝東門之内道北，南向；小次於午階之東，西向。」曲禮曰：「踐阼，臨祭祀。」正義曰：「阼，主階也。天子祭祀，履主階行事，故云踐阼。」宋元豐詳定禮文所言：「周禮，宗廟無設小次之文。古者人君臨位於阼階。」蓋阼階者東階也，惟人主得位主階行事。今國朝太廟儀注，大次、小次皆在西，蓋國家尚右，以西爲尊也。圓議依祀廟儀注。

續具未議。

一曰禮神玉。周禮大宗伯：「以禋祀祀昊天上帝。」注：「禋之言煙也。周人尚臭，煙氣之臭聞者，積柴實牲體焉，或有玉帛。」正義曰：「或有玉帛，或不用玉帛，皆不定之辭也。」崔氏云，天子自奉玉帛牲體於柴上，引詩「圭璧既卒」，是燔牲玉也。蓋卒者終也，謂禮神既終，當藏之也。正經卽無燔玉明證。漢武帝祠太乙，胙餘皆燔之，無玉。晉燔牲幣，無玉。唐、宋乃有之。顯慶中，許敬宗等修舊禮，乃云郊天之有四圭，猶宗廟之有圭瓚也，並事畢收藏，不在燔列。宋政和禮制局言：「古祭祀無不用玉。周官，典瑞『掌玉器之藏』。蓋事已則藏焉，有事則出而復用，未嘗有燔瘞之文。今後大祀，禮神之玉，時出而用，無得燔瘞。」從之。蓋燔者取其煙氣之臭聞，玉既無煙，又且無氣，祭之日但當奠於神座，既卒事則收藏之。

二曰飲福。特牲饋食禮曰：「尸九飯，親嘏主人。」少牢饋食禮：「尸十一飯，尸嘏主人。」嘏，長也，大也。行禮至此，神明已饗，盛禮俱成，故膺受長大之福於祭之末也。自漢以來，人君一獻纔畢而受嘏。唐開元禮，太尉未升堂而皇帝飲福。宋元豐三年，改從亞終獻，既行禮，皇帝飲福受胙。國朝至治元年，親祀廟儀注，亦用一獻畢飲福。

三曰升煙。禋之言煙也，升煙所以報陽也。祀天之有禋柴，猶祭地之瘞血，宗廟之祼鬯。歷代以來，或先燔而後祭，或先祭而後燔，皆爲未允。祭之日，樂六變而燔牲首，牲首亦陽也。祭終，以爵酒饌物及牲體燎於壇。天子望燎，柴用柏。

四曰儀注。禮經出於秦火之後，殘闕脱漏，所存無幾。至漢，諸儒各執所見，後人所宗，惟鄭康成、王子雝，而二家自相矛盾。唐開元禮、杜佑通典，五禮略完。至宋，開寶禮并會要與郊廟奉祠禮文，中間講明始備。金國大率依唐、宋制度。聖朝四海一家，禮樂之興，政在今日。況天子親行大禮，所用儀注，必合講求。大德九年，中書集議，合行禮儀依唐制。至治元年已有祀廟儀注，宜取大德九年、至大三年并今次新儀，與唐制參酌增損修之。侍儀司編排鹵簿，太史院具報星位，分獻官員數及行禮并諸執事官，合依至大三年儀制，亞終獻官，取旨。

是歲，太皇太后崩，有旨，冬至南郊祀事可權止。

文宗至順元年（庚午、一三三〇）冬十月辛酉，帝始服大裘衮冕，親祀昊天上帝於南郊，以太祖配。蓋自世祖混一六合，至是凡七世，南郊親祀之禮，始克舉行焉。

元史紀事本末卷十

廟祀之制

世祖至元十七年（庚辰、一二八〇）十二月甲午，始遷太祖以下神主於太廟。國俗，祖宗祭享之禮，割牲奠馬湩，以蒙古巫祝致辭。帝卽位之元年，設神主於中書省，用登歌樂，遣必闍赤致祭焉。必闍赤，譯言典書記者。二年，從中書署奉遷神主於聖安寺之瑞像殿。四年，詔建太廟於燕京。至元元年冬，奉安神主於太廟。初定太廟七室之制。皇祖、皇祖妣第一室，皇伯考、伯妣第二室，皇考、皇妣第三室，皇伯考、伯妣第四室，皇伯考、伯妣第五室，皇兄、皇后第六室，皇兄、皇后第七室。凡室以西爲上，以次而東。二年冬，享於太廟，尊皇祖爲太祖。三年秋，始作八室神主，設祏室。丞相安童、伯顏言：「祖宗世數，尊謚、廟號，配享功臣，增祀四世各廟神主，七祀神位，法服、祭器等事，皆宜以時定。」乃命平章政事趙璧等集議，製〔尊〕（據元史七四祭祀志補）謚及廟號，定爲八室：烈祖神元皇帝、皇曾祖妣宣懿皇后第一室，太祖聖武皇帝、皇祖妣光獻皇后第二室，太宗英文皇帝、皇伯妣昭慈皇后第三室，皇伯〔考〕(據王圻續通考一一一宗廟考補)朮赤、皇伯妣別土出迷失第四室，皇伯考察合帶、皇伯妣也速倫第五室，皇考睿宗景襄皇帝、皇妣莊聖皇后第六室，定宗簡平皇帝、欽淑皇后第七室，憲宗桓肅皇帝、貞節皇后第八室。是年奉安神主於祏室，歲用冬祀，如初禮。四年，初定一歲十二月薦新時物。六年冬，時享畢，復命國師僧薦佛事於太廟七晝夜。始造木質金表牌位十有六，設大榻金椅，奉安祏室前。爲太廟薦佛事之始。十三年，改作金主，太祖主題曰「成吉思皇帝」，睿宗題曰「太上皇也可那顔」，皇后皆題名諱。十四年秋，詔建太廟於大都。博士言：「古者廟制率都宮別殿，西漢亦各立廟，東都以中興崇儉，故七室同堂，後世遂不能革，非禮。」遂以古今廟制畫圖貼說以聞。至是始告遷於太廟，命承旨和禮霍孫、太常卿太出、禿忽思等以祏室內栗主八位，併日月山板位，聖安寺木主俱遷，奉太祖、睿宗二室金主於新廟(奉)安〔奉〕(據元史七四祭祀志改)，遂大享焉。撤舊廟毀之。

十八年(辛巳、一二八一)春，博士李時衍等言：「歷代廟制，俱各不同。欲尊祖宗，當從都宮別殿之制；欲崇儉約，當從同堂異室之制。」尚書段那海及太常禮官奏曰：「始議七廟，除正殿、寢殿、正門、東西門已建外，東西六廟不須更造，餘依太常寺新圖建之。」遂爲前廟後寢，廟分七室。

二十一年(甲申、一二八四)三月，太廟正殿成，奉安神主。

三十年(癸巳、一二九三)冬十月，祔明孝太子主於廟。先是，皇太子真金卒，太常博士議曰：「前代太子薨，梁武帝謚統曰昭明，齊武帝謚長懋曰文惠，唐憲宗謚寧曰惠昭，金世宗謚允恭曰宣孝，又建別廟以奉神主，凖中祀。」從之，遂謚曰明孝太子，作主用金。至是祔於太廟。後追尊帝號，廟號裕宗。

成宗大德元年(丁酉、一二九七)，制，享太廟增用馬。

十一年(丁未、一三〇七)，武宗卽位，追尊皇考爲皇帝，廟號順宗。太祖室居中，睿宗西第一室，世祖西第二室，裕宗西第三室，順宗東第一室，成宗東第二室。

武宗至大二年(己酉、一三〇九)正月，以受尊號，恭謝太廟。爲親祀之始。

十二月，親享太廟，奉玉册、玉寶。加上太祖聖武皇帝尊謚曰法天啓運，光獻皇后曰翼聖，睿宗景襄皇帝曰仁聖，莊聖皇后曰顯懿。其舊制金表神主，以櫝貯兩旁。自是主皆範金作之，如金表之製。

英宗至治元年(辛酉、一三二一)正月，始以四孟月時享，親祀太廟。先是延祐七年冬十月，帝命太常禮官與中書、翰林、集賢等議親祀禮，制曰：「此追遠報本之道也，無以朕勞而有所損焉，其一遵典禮。」十一月，帝躬謝太廟，備法駕，服衮冕以行禮。至仁宗室，輒欷歔流涕，左右莫不感動。至是遂行四孟親享之禮，謂羣臣曰：「朕纘承祖宗丕緒，夙夜祗慄，無以報稱。歲惟四祀，使人代之，不能致如在之誠，實所未安。自今以始，歲必親祀，以終朕身。」

五月，中書省臣、禮官上言：「前代廟(式)〔室〕(據同上書改)，多寡不同。晉則兄弟同爲一室，正室增爲十四間，東西各一間。唐九廟，後增爲十一室。宋增室至十八，東西夾室各一間，以藏祧主。今太廟雖分八室，然兄弟爲世，止六世而已。世祖所建前廟後寢，往歲寢殿災，請以今殿爲寢，〔別〕(據同上書補)作前殿十五間，中三間通爲一室，以奉太祖神主，餘以次爲室，庶幾情文得宜。」從之。

三年(癸亥、一三二三)六月，議定太廟夾室。時以太廟夾室未有定制，詔臺、院、禮官定議。博士議曰：「按爾雅曰：『室有東西廂曰廟。』注：『夾室前堂。』周(禮)〔書〕(原文見周書顧命，今據改)曰：『西夾南向。』注曰：『西廂夾室。』此東西夾室之正文也。賈公彥曰：『室有東西廂曰廟，其夾皆在序。』是則夾者猶今耳房之類也，然其制度則未之聞。東晉太廟，正室一十六間，東西儲各一間，共十有八，所謂儲者非夾室歟。唐貞觀故事，遷廟之主藏於夾室西壁，南北三間。又宋哲宗亦嘗於東夾室奉安，後雖增建一室，其夾室仍舊。是唐、宋夾室與諸室制度無大異也。五帝不相沿樂，三王不相襲禮。今廟制皆不合古，權宜一時。宜取今廟一十五間，南北六間，東西二間，準唐南北三間之制，壘至棟爲三間，壁以紅泥，以準東西序，南向爲門，如今室户之制，虚前以準廂，所謂夾室前堂也。雖未盡合於古，於今事爲宜。」從之。

泰定帝泰定元年（甲子、一三二四）正月，奉安仁宗及慈聖皇后神主。先是盗入太廟，盗仁宗及后金主，命重作。至是奉安。太常禮官以失守議罪有差。

四月，更定太廟室次。初，博士劉致建議：「周制，天子七廟，三昭三穆，昭處於東，穆處於西，所以别父子親疏之序而使不亂也。國朝取唐、宋之制，定爲九世，遂以舊廟八室而爲六世，昭穆不分，父子並坐，不合禮經。新廟之制，一十五間，東西二間爲夾室，太祖室既居中，則唐、宋之制不可依，惟當以昭穆列之。父爲昭，子爲穆，則睿宗當居太祖之東，爲昭之第一世；世祖居西，爲穆之第一世。裕宗居東爲昭之第二世；兄弟共爲一世，則成宗、順宗、顯宗三室皆當居西，爲穆之第二世。武宗、仁宗二室皆當居東，爲昭之第三世；〔英宗居西，爲穆之第三世〕（據元文類一五劉致太廟室次議補）。昭之后居左，穆之后居右，西以左爲上，東以右爲上也。如此則昭穆分明，秩然有序，不違禮經，可爲萬世法。若以累朝定制，依室次於新廟遷安，則顯宗躋順宗之上，順宗躋成宗之上。以禮言之，春秋，閔公無子，庶兄僖公代立，其子文公遂躋僖公於閔公上，史稱逆祀。及定公正其序，書曰『從祀先公』。然僖公猶是有位之君，尚不可居故君之上，況未嘗正位者乎。國家雖曰以右爲尊，然古人所尚，或左或右，初無定制。古人右社稷而左(祖)宗〔廟〕(據元史七四祭祀志改)，國家宗廟亦居東方。豈有建宗廟之方位既依禮經，而宗廟之昭穆反不應禮經乎！」至是，中書省臣以致議上，言：「太廟，太祖皇帝居中南向，睿宗、世祖、裕宗以次祔西室，順宗、成宗、武宗、仁宗以次祔東室。今議者言：『國家建太廟遵古制，古尚左，今尊者居右爲少屈，非所以示後世。太祖居中南向，睿宗宜祔左一室，世祖祔右一室，裕宗祔睿宗室之左，顯宗、順宗、成宗兄弟也，以次祔世祖室之右，武宗、仁宗亦兄弟也，以次祔裕宗室之左，英宗祔成宗室之右。』臣等以其議近是，謹繪室次爲圖以獻，惟陛下裁擇。」從之。

文宗天曆元年(戊辰、一三二八)，詔毁顯宗室。

順帝元統二年(甲戌、一三三四)十月，始以真哥皇后配饗武宗。時議三朝皇后升祔未決，伯顏以問太常博士逯魯曾曰：「先朝既以真哥皇后無子，不爲立主，今所當立者，明宗母耶？文宗母耶？」對曰：「真哥皇后在武宗朝已膺寶册，則文、明二母皆妾，今以無子之故不得立主，而以妾母爲正，是爲臣而廢先君之后，爲子而追封先父之妾，於禮不可。昔燕王慕容垂即位，追廢其母后，而立其生母爲后以配享先王，爲萬世笑。豈宜復蹈其失乎！」集賢學士陳顥素疾魯曾，乃曰：「唐太宗册曹王明之母爲后，是亦二后也，奚爲不可？」魯曾曰：「堯之母爲帝嚳庶妃，堯立爲帝，未聞册以爲后而配嚳。皇上爲大元天子，不法堯、舜而法唐太宗耶！」衆服其議，伯顏亦是之，遂以真哥皇后配武宗。

後至元六年（庚辰、一三四〇），詔毀文宗室。

至正三年（癸未、一三四三）冬十月，親祀太廟。帝行禮至寧宗室，問曰：「朕，寧宗兄也，理當拜否？」太常博士劉聞對曰：「寧宗雖弟，其爲帝時，陛下爲臣。春秋時魯僖公，閔公兄也，閔公先爲君，宗廟之祭，未聞僖公不拜。陛下當拜。」乃下拜。

按元世宗廟之事，本末因革，大概如此。凡大祭祀尤貴馬湩，將有事，勅太僕（司）〔寺〕（據元史九〇百官志改）挏馬官奉尚飲者革囊盛送焉。其馬牲既與三牲同登於俎，而割奠之饌復與籩豆俱設。將奠牲，盤酹馬湩，則蒙古太祝〔升〕（據元史七四祭祀志補）詣第一座，呼帝后神諱，以致祭年月日數、牲齋品物，致其祝語。以次詣列室亦如之。禮畢，則以割奠之餘撒於南欞星門外，名曰抛撒茶飯。蓋以國禮行事，尤其所重云。

元史紀事本末卷十一

律令之定 補

世祖至元二十八年（辛卯、一二九一）夏五月，頒行至元新格。元初未有法守，百司斷理獄訟，循用金律，頗傷嚴刻。右丞何榮祖，家世業吏，習於律令，乃以公規、治民、禦盗、理財等十事輯爲一書，名曰至元新格，上之。帝命刻板頒行，使百司遵守。既而王（暉）〔惲〕（據元史一六七本傳改）上政事書，首言議憲章以一政體，曰：「法者，輔治之具，一日闕則不可。君操於上，永作成憲。吏承於下，遵爲定式。民曉其法，易避而難犯。若周之三典，漢之九章是也。今國家有天下六十餘年，小大之法，尚無定議。内而憲臺天子之執法，外而廉司州郡之法吏，是皆司理之官，而無所守之法，猶有醫而無藥也。至平刑議斷，旋施爲理，未免有酌量準擬之差，彼此輕重之異。臣愚謂宜將累朝聖訓，與中統迄今條格，通行議擬，參而用之，與百姓更始。如是則法無二門，輕重適當，吏安所守，民知所避，而天下治矣。」帝曰：「善。」

成宗大德(三)〔四〕(據元史二〇成宗紀改)年(庚子、一三〇〇)春二月，命何榮祖更定律令。榮祖上書言：「臣所定者三〔百八〕(據元史二〇成宗紀、續綱目、薛鑑——二書皆系三年——補)十餘條，一條有該三四事者。」帝曰：「古今異宜，不必相沿，但取宜於今者。」(召)〔詔〕(據元史一六八何榮祖傳、續綱目、薛鑑改)元老大臣聚聽之。未及頒行而榮祖卒。既而鄭介夫上言：

律者，〔所以齊天下之動〕(據歷代名臣奏議六七補)，至公大定之制也。皐陶作士，明於五刑。穆王訓書，罰屬三千。綱舉目張，井然不紊，故百官奉法，各知所守而不敢踰。百姓視法，各知所避而不敢犯。自三代而下，國家立政，必以刑書爲先。歷觀古今，未有無法而能一朝居者也。今天下所奉以行者，有例可援，無法可守，官吏因得以並緣爲欺。如甲乙互訟，甲有力則援此之例，乙有力則援彼之例，甲乙之力俱到則無所可否，遷調歲月，名曰撒放。使天下黔首蚩蚩然狼顧鹿駭，無所持循。始之所犯，不知終之所斷，是陷之以刑也。欲强其無犯，得乎？內而省部，外而郡守，抄寫格例至數十册，遇事(而)〔有〕(據同上書改)難決則檢尋舊例，或中無所載則旋行議擬，是百官莫知所守也。民間自以耳目所得之勅旨條令，雜採類編，刊行成帙，曰斷例條章，曰仕民要覽，各家收置一本，以爲準繩。試閱二十年間之例，較之三十年前，半不可用矣。更以十年間之例，較之二十年前，又半不可用矣。是百姓莫知所避也。孔子曰：「刑罰不中，則民無所措手足。」今者號令不常，有同兒戲，或一年二年前後不同，或綸音初降隨即泯没，遂致民間有「一緊、二慢、三休」之謡。上無道揆，下無法守，不聞如是可以立國者。

京都爲四方取則之地，法且不行，況四方之外乎？如往年禁酒，而私醖者比屋有之，酒益薄，價益高，而民益困。又如禁牛，而私宰者愈多，輦轂之下，十家而八。又如奸盜殺人必不可赦，而每歲放秃魯麻，以此人心輕於犯法。又如婚姻聘財，明有官庶高下折鈔之例，而今之嫁女者重要財錢，品官富人或索七十錠、〔一百錠〕（據同上書補），市庶之家不下二三十錠，更要表裏、頭面、羊酒等物，與估賣軀口無異。又如買賣田宅，舊有先親後鄰之例，而今民業多歸勢要，雖親與鄰不得占執，告到官府，無力與（辨）〔競〕（據同上書改），業在豪家，終爲所有。推此數端，天下概可知矣。

今有司每視刑名爲重，而婚田錢債〔略不加意，殊不知民間争競之端，無不始於婚田錢債，而因之以至於奸盜殺人者也。憲司巡按，每以臟罰爲重，而一切民訟〕（據同上書補）略不省察，殊不知百姓負冤，上無所訴，是開官吏受贓之路也。審囚決獄官每臨郡邑，惟具成案行故事，出斷一二，便爲盡職，不知大辟以下刑名公事甚不少也。各縣官吏未飽其欲，每聞上司官至，則將囚徒保候，審録既畢，仍復收禁，此皆無法之弊也。

又兼衙門紛雜，事不歸一，十羊九牧，莫之適從。普天率土，皆爲王民，豈可家自爲政，人自爲國？今正宫位下自立中政院，匠人自隸金玉府，校尉自歸拱衞司，軍人自屬樞密院，諸王位下自有宗正府、內史府，僧則宣政院，道則道教所，又有宣徽院、徽政院、都護府、白雲宗所管户計。諸司頭目，布滿天下，各自管領，不相統攝，凡有公訟，並須約會。或事涉三四衙門，動是半年，虛調文移，不得一會。或指日對問，則各(司)[私]（據同上書改）所管，互相隱庇，至一年二年，事無杜絕。遂至於强凌弱，衆暴寡，貴抑賤，無法之弊，莫此爲甚。

昔先帝時嘗命修律，未及成書。近議大德律，所任非人，訛舛(尤)[甚]（據同上書改）多。今宜於臺、閣、省、部內，選擇通經術，明治體，練達時宜者，酌以古今之律文，參以先帝建元以來制勅命令，採以南北風土之宜，修爲一代令典。使有司有所遵守，生民知所畏避。國有常科，吏無敢侮，永爲定制，子孫萬世之利也。諸色衙門，拔下頭目，除管領錢糧造作外，無問大小詞訟，俱涉約會者，並令有司歸問。庶使政歸一體，獄無久淹，可謂成物之簡能，太平之要道矣。

仁宗皇慶元年（壬子，一三一二）三月，詔以格例條畫有關於風紀者，類集成書，名曰風憲(紀)[宏]綱（據元史一〇二刑法志改）。

英宗至治二年(壬戌、一三二二)十一月，御史李端言：「世祖以來所定制度，宜著爲令，使吏不得爲奸，治獄者有所遵守。」從之。

三年(癸亥、一三二三)二月，命完顏納丹、曹伯啓等纂集累朝格例而損益之，凡爲條二千五百三十有九，名曰大元通制，頒行天下。其書之大綱有三：一曰詔制，二曰條格，三曰斷例。凡詔制爲條九十有四，條格爲條一千一百五十有(二)〔一〕(據同上書改)，斷例爲條七百十有七。其五刑之目，凡七下至五十七，謂之笞刑；凡六十七至一百七，謂之杖刑；其徒法，年數杖數相附麗爲加減，鹽徒盜賊既決而又鐐之；流則南人遷於遼陽迤北之地，北人遷於南方湖廣之鄉；死刑則有斬而無絞，惡逆之極者又有凌遲處死之法焉。伯啓又言：「五刑者，刑異五等。今黥、杖、徒役於千里之外，百無一生還者，是一人身被五刑，非五刑各底於一人也。法當改。」丞相雖是之，卒不果行。

元史紀事本末卷十二

運漕

河渠　海運

世祖至元十七年（庚辰、一二八〇）二月，浚通州運河。

十九年（壬午、一二八二）十二月，始海運。初，朝廷糧運仰給江南者，或自浙西涉江入淮，由黄河逆流至中灤，陸運至淇門，入御河，以至京師。又或自利津河，或由膠萊河入海，勞費無成。初宋季有海盗朱清者，嘗爲富家傭，殺人亡命入海島，與其徒張瑄乘舟抄掠海上，備知海道曲折，尋就招爲防海義民。伯顔平宋時，遣清等載宋庫藏等物從海道入京師，授金符千户。二人遂言海運可通。乃命總管羅璧暨瑄等造平底船六十艘，運糧四萬六千餘石，由海道入京。然創行海洋，沿山求嶼，風信失時，逾年始至。朝廷未知其利，仍通舊運，立京畿、江淮都漕運司二，各置分司，以督綱運。

二十年（癸未、一二八三），復海運。是年用王積翁議，令阿八赤等廣開新河。然新河候潮以行，船多損壞，民亦苦之。而忙兀艀言海運之舟悉至，於是罷新河，復事海運。立萬户府二，以朱清爲中萬户，張瑄爲千户，忙兀䚟爲萬户府達魯花赤。未幾，又分新河軍士水手及船，於揚州、平灤兩處運糧，命三省造船二千艘，於濟州河運糧。蓋猶未專於海道也。

二十四年（丁亥、一二八七），始立行泉府司，專掌海運。增置萬户府二，總爲四府。是歲，遂罷東平河運糧。

二十五年（戊子、一二八八），内外分置漕運司二。（令）〔其〕（據元史九三食貨志改）在外者於河西務置司，領接海運。

二十六年（己丑、一二八九），開會通河，從壽張縣尹韓仲暉等言，開河以通運道。起須城縣安山渠西南，由壽張西北至東昌，又西北至臨清，引汶水以達御河，長二百五十餘里，中建閘三十有一，以時蓄洩。河成，渠官張禮孫等言：「開魏博之渠，通江淮之運，古所未聞。」詔賜名會通河。

丘濬曰：臣按會通河之名始見於此。然當時河道初開，岸狹水淺，不能負重，每歲之運不過數十萬石，非若海運之多也。是故終元之世，海運不罷。國初，會通河故道猶在，今濟寧任城閘，洪武三年曉諭往來船隻不許擠塞碑石，故在北岸，可考也。二十四年，河決原武，漫過安山湖，而會通河遂淤，往來者悉由陸以至德州下河。我太宗皇帝肇造北京，永樂初運糧由江入淮，由淮入黄河，運至陽武，發山西、河南二處丁夫，由陸運至衞輝，下御河，水運至北京。厥後濟寧州同知潘叔正，因州夫遞運之難，請開會通舊河。朝廷命工部尚書宋禮，發丁夫十餘萬，疏鑿以復故道。又命刑部侍郎金純，自汴城北金龍口開黃河故道，分水下達魚臺縣塌場口，以益漕河。十年，宋尚書請從會通河通運。十三年，始罷海運，而專事河運矣。明年，平江伯陳瑄又請浚淮安安莊閘一帶沙河，自淮以北，沿河立淺鋪，築牽路，樹柳木，穿井泉。自是漕法通便，百年於玆矣。

臣惟運東南粟以實京師，在漢、唐、宋皆然。然漢、唐都關中，宋都汴梁，所漕之河，皆因天地自然之勢，中間雖或少假人力，然非若會通一河，前代所未有，而元人始創爲之，非有所因也。元人爲之而未大成，用之而未得其大利。至國朝益修理而擴大之。前元所運，歲僅數十萬，而今日極盛之數，則踰四百萬焉，蓋十倍之矣。昔宋人論汴水，以爲大禹疏鑿，隋煬開剛，終爲宋人之用，以爲上天之意。嗚呼！夏至隋，隋至宋，中經朝代非一，謂天意顯在宋，臣不敢知。若夫元之爲此河，河成而不盡以通漕，蓋天假元人之力以爲我朝用，其意豈不彰彰然明矣哉。

二十七年（庚寅、一二九〇）五月，省臣馬之貞言：「霖雨（崩）岸〔崩〕（據同上書改），河道淤淺，宜加修濬。」奏撥放罷輸運站户三千，專供其役，仍俾採伐木石等以充用。歲委都水監一官巡視且督工，易閘以石，而視所緩急爲先後。從之。

二十八年（辛卯、一二九一），併海運四府爲都漕運府（一）〔二〕（據同上書改），從朱清、張瑄之請也。止令清、瑄二人掌之，其屬有千户、百户等官，分爲各翼，以督歲運。

二十九年（壬辰、一二九二），開通惠河，以郭守敬領都水監事。初守敬言水利十有一事，其一欲導昌平縣白浮村神山泉，過雙塔榆河，引一畝、玉泉諸水入城，匯於積水潭，復東折而南入舊河，每十里置一牐，以時蓄洩。帝稱善。復置都水監，命守敬領之。丞相以下，皆親操畚鍤爲之倡。置牐之處，往往於地中得舊時甎木，人服其識。逾年畢工。自是免都民陸輓之勞，公私便之。帝自上都還，過積水潭，見舳艫蔽水，大悦，賜名曰通惠。

丘濬曰：臣按通州陸輓至都城，僅五十里耳，而元人所開之河，總長一百六十四里，其間置牐壩凡二十處，所費蓋亦不貲。況今廢墜已久，慶豐以東，諸牐雖存，然河流淤淺，通運頗難。且積水潭卽今海子，在都城中禁城之北，漕舟既集，無停泊之所。而又分流入大内，然後南出，其啓閉蓄洩，非外人所得專者。言者往往建請欲復元人舊規，然亦未覩其果便利也。

成宗大德五年（辛丑、一三〇一），以畿内歲饑，增明年海運糧爲百二十萬石。

八年（甲辰、一三〇四），增海運米爲百四十五萬石。

十年（丙午、一三〇六），中書省奏：「常歲海漕糧百四十五萬石，今江浙歲儉，不能如數，請仍舊例，湖廣、江西輸五十萬石，並由海道達京師。」從之。

武宗至大四年（辛亥、一三一一），遣官至江浙議海運事。時江東寧國、池、饒、建康等處運糧，率令海船從揚子江逆流而上。江水湍急，又多石磯，石走沙漲，糧船俱壞，歲歲有之。又湖廣、江西之糧運，至真州泊（入）〔水灣，與〕海船〔對裝〕（據永樂大典一五九四九運字引經世大典改補）。船大底小，亦非江（水）〔中〕（據元史九三食貨志改）所宜。於是以嘉興、松江秋糧併江淮、江浙財賦府歲辦悉充運。海漕之利，蓋至是博矣。先是，江浙省臣言：「曩者朱清、張瑄海漕米歲四五十萬至百十萬，時船多糧少，顧直均平。比歲賦斂横出，漕户困乏，逃亡者有之。今歲運三百萬，漕舟不足，遣人於浙東、福建等處和雇，百姓騷動。本省左丞沙不丁言，其弟合八失及馬合謀但的、澉浦楊家等皆有舟，且深知漕事，乞以爲海道運糧都漕萬户府官，各以己力輸運官糧。萬户、千户，並如軍官例承襲，寬恤漕户，增給雇直，庶有成效。」尚書省以聞，請以馬合謀但的爲遥授右丞、海外諸番宣慰使、都元帥，領海道運糧都漕運萬户府事。設千户所十，每所設達魯花赤、千户等官。俱從之。

仁宗延祐（二）〔元〕（據元史九四河渠志改）年（甲寅、一三一四）二月，省臣言：「江南行省起運諸物，由會通河以達於都，多踰期不至。詰其故，皆言始開河時，止許行百五十料船。近來權勢之人，并富商大賈，貪嗜貨利，造三四百料或五百料船，於此河行駕，以致阻滯往來舟楫。今宜於沽頭、臨清二處，各置小石閘一，禁約二百料以上之船不許入河，違者罪之。」〔從之〕（據同上書補）。

順帝至正二年（壬午、一三四二）春正月，開京師金口河。時中書參議孛羅帖木兒、都水傅佐建言：「起自通州南高麗莊一百〔二〕（據元史六六河渠志補）十餘里，創開新河一道，深五丈，廣十五丈，放西山金口水東流，合御河，接引海運至大都城內輸納。」是時脱脱爲中書右丞相，奏行之。廷臣多言其不可，脱脱排羣議，務在必行。左丞許有壬因條陳其利害，言：「成宗大德二年，渾河水發爲民害，大都路都水監將金口下閉閘板。五年間，渾河水勢浩大，郭太史恐衝没田薛二村、南北二城，又將金口以上河身，用砂石雜土盡行堵閉。文宗至順初，因都水監郭道壽言，金口引水通京城至通州，其利無窮，令工部官併河道提舉司及耆老相視，皆言水由二城，中多窒礙。又盧溝河自橋至合流處，從來未曾有漁舟上下，此卽不可行船之明驗也。且通州去京城四十里，盧溝止二十里，若可行船，當時何不於盧溝立馬頭，百事近便，卻於四十里外通州爲之？又西山水勢高峻，亡金時，在都城之北流入曠野，縱有衝決，爲害亦輕。今則在都城西南，與昔不同。此水性本湍急，若加以夏秋霖潦漲溢，則不敢必其無虞，宗廟社稷之所在，豈容僥倖於萬一乎！又地形高下懸絶，若不作閘，必致走水淺澁。若作閘以節之，則沙泥渾濁，必致淤塞，每年每月專人淘洗，是終無窮盡之時也。且郭太史作通惠河時，何不用此水，而遠取白浮之水，引入都城以供閘壩之用？蓋白浮之水澄清，而此水渾濁，不可用也。此議方興，傳聞於外，萬口一辭，以爲不可。若謂爲成大功者不謀於衆，人言不足聽，則是商鞅、王安石之法，當今不宜有此。」議上，脫脫終不納，與工四閱月而畢。起閘放金口水，流湍勢急，沙泥壅塞，船不可行。而開挑之際，毁民廬舍墳塋，夫丁死傷甚衆，又費用不貲，卒以無功。既而御史糾劾建言者，孛羅帖木兒、傅佐俱伏誅。

是年令江浙行省及中正院財賦總管府撥賜諸人寺觀之糧盡數起運，僅得二百六十萬石。及汝、潁倡亂，湖廣、江右相繼陷没，而方國珍、張士誠竊據浙東、西之地，貢賦不供，海運之舟不至京師。

至正十九年（己亥、一三五九），遣伯顏帖木兒徵海運於江浙，詔張士誠輸粟，方國珍具舟。二賊互相猜疑，伯顏帖木兒與行省丞相多方開諭之，始從命，得粟十有一萬石。後三年，復遣官往徵，拒命不與。

初，海運之道，自平江劉家港入海，經揚州路通州海門縣黃連沙頭萬里長灘開洋，沿山陝而行，抵淮安路鹽城縣，歷西海州、海寧府東海縣、密州、膠州界，月餘始抵成山。計其水程，自上海至楊村馬頭，凡一萬三千三百五十里。後朱清、張瑄等言其路險惡，復開生道。

自劉家港開洋，至撑脚沙，轉沙嘴，至三沙洋子江，過大洪，又過萬里長灘，放大洋，至青水洋，又經黑水洋，過成山，過劉島，至之罘，放萊州大洋，抵界河口，其道差爲徑直。最後殷明略又開新道，從劉家港入海，至崇明州三沙放洋，向東行，入黑水大洋，取成山，轉西至劉家島，又至登州沙門島，於萊州大洋入界河。當舟行風信有時，自浙西至京師不過旬日而已，視前二道爲最便云。然風濤不測，糧船漂溺者無歲無之，間亦有船壞而棄其米者，然視漕河之費，則其所得蓋多矣。

歲運之數：

至元二十年，四萬六千五十石，至者四萬二千一百七十二石。二十一年，二十九萬五百石，至者二十七萬五千六百一十石。二十二年，一十萬石，至者九萬七百七十一石。二十三年，五十七萬八千五百二十石，至者四十三萬三千九百五（十）（據元史九三食貨志删）石。二十四年，三十萬石，至者二十九萬七千五百四十六石。二十五年，四十萬石，至者三十九萬七千六百五十五石。二十六年，九十三萬五千石，至者九十一萬九千九百四十三石。二十七年，一百五十九萬五千石，至者一百五十一萬三千八百五十六石。二十八年，（二）〔一〕（據同上書改）百五十三萬七千二百五十石，至者一百二十八萬一千六百一十五石。二十九年，一百四十萬七千四百石，至者一百三十六萬一千五百一十三石。三十年，九十萬八千石，至者八十八萬七千五百九十一石。三十一年，五十一萬四千五百三十三石，至者五十萬三千五百三十四石。

元貞元年，三十四萬五百石，至者三十三萬七千二十六石。

大德元年，六十五萬八千三百石，至者六十四萬八千一百三十六石。二年，七十四萬二千七百五十一石，至者七十萬五千九百五十四石。三年，七十九萬四千五百石。四年，七十九萬五千五百石，至者七十八萬八千九百一十八石。五年，七十九萬六千五百二十八石，至者七十六萬九千六百五十石。六年，一百三十八萬三千八百八十三石，至者一百三十二萬九千一百四十八石。七年，一百六十五萬九千四百九十一石，至者一百六十二萬八千五百八石。八年，一百六十七萬二千九百九石，至者一百六十六萬三千三百一十三石。九年，一百八十四萬三千三石，至者一百七十九萬五千三百四十七石。十年，一百八十萬八千一百九十九石，至者一百七十九萬七千七十八石。十一年，一百六十六萬五千四百二十二石，至者一百六十四萬四千六百七十九石。

至大元年，一百二十四萬一百四十八石，至者一百二十萬二千五百三石。二年，二百四十六萬四千二百四石，至者二百三十八萬六千三百石。三年，二百九十二萬六千五百三十(二)〔三〕(據同上書改)石，至者二百七十一萬六千九百十三石。四年，二百八十七萬三千二百一十二石，至者二百七十七萬三千二百六十六石。

皇慶元年，二百八萬三千五百五石，至者二百六萬七千六百七十二石。二年，二百三十一萬七千二百二十八石，至者二百一十五萬八千六百八十五石。

延祐元年，二百四十萬三千二百六十四石，至者二百三十五萬六千六百六石。二年，二百四十三萬五千六百八十五石，至者二百四十二萬二千五百五石。三年，二百四十五萬八千五百一十四石，至者二百四十三萬七千七百四十一石。四年，二百三十七萬五千三百四十五石，至者二百三十六萬八千一百一十九石。五年，二百五十五萬〔二〕〔三〕(據同上書改)千七百一十四石，至者二百五十四萬三千六百一十一石。六年，三百二萬一千五百八十五石，至者二百九十八萬六千〔七百〕(據永樂大典一五九五〇運字引經世大典補)一十七石。七年，三百二十六萬四千六石，至者三百二十四萬七千九百二十八石。

至治元年，三百二十六萬〔八〕〔九〕千〔七〕〔四〕百〔六〕〔五〕十〔五〕〔一〕(據元史九三食貨志改)石，至者三百二十三萬八千七百六十五石。二年，三百二十五萬一千一百四十石，至者三百二十四萬六千四百八十三石。三年，二百八十一萬一千七百八十六石，至者二百七十九萬八千六百一十三石。

泰定元年，二百八萬七千二百三十一石，至者二百七萬七千二百七十八石。二年，二百六十七萬一千一百八十四石，至者二百六十三萬七千〔七百〕（據永樂大典一五九五〇運字引經世大典補）五十一石。三年，三百三十七萬五千七百八十四石，至者三百三十五萬一千三百六十二石。四年，三百一十五萬二千八百二十石，至者三百一十三萬七千五百三十二石。天歷元年，三百二十五萬五千二百二十石，至者三百二十一萬五千四百二十四石。二年，三百五十二萬二千一百六十三石，至者三百三十四萬三百六石。

史臣曰：元都於燕，去江南極遠，而百司庶府之繁，衞士編民之衆，無不仰給於江南。自伯顏獻海運之策，而江南之粟分爲春、夏二運，蓋至於京師者，歲多至三百萬餘石。民無輓輸之勞，國有儲蓄之富，豈非一代良法與！

丘濬曰：臣按海運之法，自秦已有之，而唐人亦轉東吴粳稻以給幽燕。然以給邊方之用而已，用之以足國，則始於元焉。史稱當舟行風信有時，自浙西至京師，不過旬日而已。雖有風濤漂溺之虞，然視河漕之費，所得蓋多。故終元之世，海運不廢。我朝洪武三十年，海運糧七十萬石給遼東軍餉。永樂初，海運七十萬石至北京。至十三年，會通河通利，始罷海運。臣考元史食貨志論海運有云：「民無輓輸之勞，國有儲蓄之富。」以爲一代良法。又云：「海運視河漕之數，所得蓋多。」作元史者皆國初史臣，其人皆生長勝國時，習見海運之利，所言非無徵者。臣竊以爲自古漕運所從之道有三：曰陸，曰河，曰海。河漕視陸運之費省什三四，海運視陸運之費省什七八。蓋河漕雖免陸行，而人輓如故，海運雖有漂溺之患，而省牽率之勞，較其利害，蓋亦相當。今漕河通利，歲運充積，固無資於海運也。然善謀國者，恒於未事之先而爲意外之慮。今於國家無事之秋，尋元人海運故道，別通海運一路，與河漕並行。江西、湖廣、江東之粟照舊河運，而以浙西、東瀕海一帶由海道運，使人習知海道。一旦（按：各本都作「日」，但原刻本字體較小，且偏在上，明爲「旦」字脱去下面一横筆，此文出於丘氏大學衍義補，原文正作「旦」，故逕予改正。）漕渠少有滯塞，此不來而彼來，是亦思患預防之先計也。

元史紀事本末卷十三

治河 窮河源附

世祖至元二十三年（丙戌、一二八六）十月，河決開封、祥符、陳留、杞、太康、通許、鄢陵、扶溝、洧川、尉氏、陽武、延津、中牟、原武、睢州十五處。調民夫二十餘萬，分築隄防。

二十五年（戊子、一二八八）五月，河決汴梁。太康、通許、杞三縣，陳、潁二州，皆被其害。

成宗（元貞）〔大德〕（據元史一九成宗紀、一七〇尚文傳、續綱目、薛鑑改）元年（丁酉、一二九七）七月，河決杞縣蒲口。先是河決汴梁，發丁夫三萬塞之。至是蒲口復決，乃命廉訪使尚文相度形勢，爲久利之策。文言：「長河萬里西來，其勢湍猛。至盟津而下，地平土疏，移徙不常，失禹故道，爲中國患，不知幾千百年矣。自古治河，處得其當則用力少而患遲，事失其宜則用力多而患速，此不易之定論也。今陳留抵睢，東西百有餘里，南岸舊河口十一，已塞者二，自涸者六，通川者三，岸高於水計六七尺，或四五尺。北岸故隄，其水比田高三四尺，或高下等。大概南高於北約八九尺，則隄安得不壞，水安得不北也。蒲口今決千有餘步，迅疾東行，得河舊瀆，〔行〕（據元史一七〇尚文傳、續綱目、薛鑑、元文類六八尚文神道碑補）二百里，至歸德橫隄之下，復合正流。或强湮遏，上決下潰，功不可成。揆今之計，河（西）〔北〕（據續綱目、薛鑑、元文類六八尚文神道碑改）郡縣，宜順水性，遠築長垣，以禦泛濫。歸德、徐、邳，民避衝潰，聽從安便。被患之家，量於河南退灘地内，給付頃畝，以爲永業。異時河決他所者亦如之，亦一時救患之良策也。蒲口不塞便。」時河朔郡縣及山東憲部争言：「不塞則河北桑田盡化魚鼈之區，塞之便。」帝從之。是後蒲口復決，障塞之役，無歲無之，而水北入〔巴〕河（據元文類六八尚文神道碑補），復故道，竟如文言。

二年（戊戌、一二九八）七月，汴梁等州大雨，河決，漂歸德數縣田廬禾稼。詔免田租一年，遣尚書那懷、御史劉賡等塞之，自蒲口首事，凡築（七）〔九〕（據元史一九成宗紀、續綱目改）十六所。

（大德）十年（丙午、一三〇六）正月，發河南民十萬築河防。

武宗至大二年（己酉、一三〇九）七月，河決歸德，又決封丘。

仁宗皇慶二年（癸丑、一三一三）六月，河決陳、亳、睢三州，開封、陳留等縣，没民田廬。

泰定帝泰定二年（乙丑、一三二五）二月，以河水屢決，立行都水監於汴梁，倣古法備捍，仍命瀕河州、縣正官皆兼知河防事。

五月，河溢汴梁。

七月，河決陽武，漂民居萬(二)〔六〕(據元史三〇泰定帝紀、續綱目、薛鑑改。)千五百餘家。尋復壞樂利隄，發丁夫六萬四千人築之。(按：七月條，上舉各書均系於三年。)

三年(丙寅、一三二六)四月，修夏津、陽武(按：元史三〇泰定帝紀、薛鑑皆無「陽」字。)河隄三十三所，役丁(夫)〔萬〕(據元史三〇泰定帝紀改)七千五百人。

順帝至元元年(乙亥、一三三五)十二月，河決封丘。

至正四年(甲申、一三四四)正月，河決曹州，發丁夫萬五千八百修築之。是月，河又決汴梁。

五月，大霖雨，黄河溢，平地水二丈，決白茅堤、金堤，曹、濮、濟、兖皆被災。

十月，議修黄河、淮河隄堰。

五年(乙酉、一三四五)七月，河決濟陰。

八年(戊子、一三四八)二月，立行都水監於鄆城，以賈魯爲太監。魯循河道，察地形，備得要害，爲圖，上二策。其一議修築北隄，以制横潰，則用工省。其二議疏塞並舉，挽河東行，使復故道，其工數倍。會魯遷中書右司郎中，不果行。

九年(己丑、一三四九)正月，立山東、河南等處行都水監，專治河患。

五月，白茅河東注沛縣，遂成巨浸。

十一年(辛卯、一三五一)四月，開黄河故道。初，黄河決，丞相脱脱集羣臣廷議，言人人殊。賈魯復申前議，以爲必塞北河，疏南河，使復故道，役不大興，害不能已。於是遣工部尚書成遵與大司農秃魯行視河，議其疏塞之方以聞。遵等自濟、濮、汴梁、大名行數千里，掘井以量地之高下，測岸以究水之淺深，博采輿論，以爲河之故道斷不可復。且曰：「山東連歲饑饉，民不聊生，若聚二十萬衆於此地，恐他日之憂又有重於河患者。」時脱脱先入賈魯之言，聞遵等議，怒曰：「汝謂民將反耶！」自辰至酉，論辨終莫能入。明日，執政謂遵曰：「修河之役，丞相意已定，且有人任其責，公勿多言，幸爲兩可之議。」遵曰：「腕可斷，議不可易。」遂出遵爲河間鹽運使。詔開黄河故道，命賈魯以工部尚書充河防使。發河南、北兵民十七萬，自黄陵岡南達白茅，放於黄固、哈只等口，又自黄陵西至楊清村，合於故道，凡二百八十里有(可)〔奇〕(據續綱目、薛鑑改)。興功凡五閱月，諸埽隄成，河復故道。超授魯集賢大學士，賜金帶、銀幣。詔賜脱脱世襲答剌罕之號，以淮安路爲其食邑，命立河平碑。其諸都水監有司官，皆以功遷賞有差。先是河南、北童謡云：「石人一隻眼，挑動黄河天下反。」及魯治河，果於黄陵岡得石人一眼，而汝、潁之兵起。

時命翰林學士承旨歐陽玄制河平碑，既成。玄又自以爲司馬遷、班固記河渠、溝洫，僅載治水之道，不言其方，使後世任事者無所考信，乃從魯訪問方略，及詢過客，質吏牘，作至正河防記，欲使來世罹河患者，按而求之。其言曰：

治河一也，有疏，有濬，有塞，三者異焉。釃河之流，因而導之，謂之疏。去河之淤，因而深之，謂之濬。抑河之暴，因而扼之，謂之塞。疏濬之别有四，曰生地，曰故道，曰河身，曰減水河。生地有直有紆，因直而鑿之，可就故道。故道有高有卑，高者平之以趨卑，高卑相就，則高不壅，卑不豬，慮夫壅生潰，豬生堙也。河身者，水雖通行，身有廣狹，狹難受水，水(溢)〔益〕(據王圻續通考七黄河考、元史類編一五賈魯傳改)悍，故狹者以計闢之；廣難爲岸，岸善崩，故廣者以計禦之。減水河者，水放曠則以制其狂，水隳突則以殺其怒。治隄一也，有創築、修築、補築之名，有刺水隄，有截河隄，有護岸隄，有縷水隄，有石船隄。治埽一也，有岸埽、水埽，有龍尾、攔頭、馬頭等埽。其爲埽臺及推卷、牽制、薶掛之法，有用土、用石、用鐵、用草、用木、用杙、用絙之方。塞河一也，有缺口，有豁口，有龍口。缺口者，已成川。豁口者，舊常爲水所豁，水退則口下於隄，水漲則溢出於口。龍口者，水之所會，自新河入故道之漈也。此外不能悉書，因其用功之次第，而就述於其下焉。

其濬故道，深廣不等，通長二百八十里百五十四步而强。功始自白茅，長百八十二里。繼自黄陵岡至南白茅，闢生地十里。口初受，廣百八十步，深二丈有二尺，已下停廣百步，高下不等，相折深二丈及泉。曰停曰折者，用古算法，因此推彼，知其勢之低昂，相準折而取勻停也。南白茅至劉莊村，接入故道十里，通折墾廣八十步，深九尺。劉莊至專固，百有二里二百八十步，通折停廣六十步，深五尺。專固至黄固，墾生地八里，面廣百步，底廣九十步，高下相折深丈有五尺。黄固至哈只口，長五十一里八十步，相折停廣墾六十步，深五尺。乃濬凹里減水河，通長九十八里百五十四步。凹里減水河口生地，長三里四十步，面廣六十步，底廣四十步，深一丈四尺。自凹里生地以下舊河身至張贇店，長八十二里五十四步，上三十六里，墾廣二十步，深五尺；中三十五里，墾廣二十八步，深五尺；下十里二百四十步，墾廣二十六步，深五尺。張贇店至楊青村，接入故道，墾生地十有三里六十步，面廣六十步，底廣四十步，深一丈四尺。

其塞專固缺口，修隄三重，并補築凹里減水河南岸豁口，通長二十里三百十有七步。其創築河口前第一重西隄，南北長三百三十步，面廣二十五步，底廣三十三步，樹置樁橛，實以土牛、草葦，雜梢相兼，高丈有三尺。隄前置龍尾大埽，言龍尾者，伐大樹，連梢繫之隄旁，隨水上下，以破囓岸浪者也。築第二重正隄，并補兩端舊隄，通長十有一里三百步。缺口正隄長四里。兩隄相接舊隄，置樁堵閉河身，長百四十五步，用土牛、草葦，梢土相兼修築，底廣三十步，修高二丈。其岸上土工修築者，長三里二百十有五步有奇，高廣不等，通高一丈五尺。補築舊隄者，長七里三百步，表裏倍薄七步，增卑六尺，計高一丈。築第三重東後隄，并接修舊隄，高廣不等，通長八里。補築凹里減水河南岸豁口四處，置樁木，草土相兼，長四十七步。

於是塞黃陵全河，水中及岸上修隄長三十六里百三十六步。其修大隄刺水者二，長十有四里七十步。其西復作大隄刺水者一，長十有二里百三十步。內創築岸上土隄，西北起李八宅西隄，東南至舊河岸，長十里百五十步，顛廣四步，趾廣三之，高丈有五尺。仍築舊河岸至入水隄，長四百(二)〔三〕（據元史六六河渠志、王圻續通考七黃河考改）十步，趾廣三十步，顛殺其六之一，接修入水。(西)〔兩〕（據同上書改）岸埽隄並行。作西埽者夏人，水工徵自靈武。作東埽者漢人，水工徵自近畿。其法以竹絡實以小石，每埽不等，以蒲葦綿腰索徑寸許者從鋪，廣可一二十步，長可二三十步。又以曳埽索綯徑三寸或四寸、長二百餘尺者，衡鋪之，相間。復以竹葦麻檾大繂長三百尺者爲管心索，就繫綿腰索之端於其上，以草數千束多至萬餘，勻布厚鋪於綿腰索之上，橐而納之，丁夫數千，以足踏實。推卷稍高，即以水工二人立其上而(嘲)〔號〕（據同上書改）於衆，衆聲力舉，用小大推梯推卷成埽。高下長短不等，大者高二丈，小者不下丈餘。又用大索(或)〔四〕（據王圻續通考七黃河考改）五爲接索，轉致河濱。選健丁操管心索，順埽(以)〔臺〕（據元史六六河渠志、王圻續通考七黃河考改）立踏，或掛之臺中鐵猫大橛之上，以漸縋之下水。

埽後掘地爲渠，陷管心索渠中，以散草厚覆，築之以土。（覆）（據同上書刪）其上復以土牛、雜草、小埽、梢土，多寡厚薄，先後隨宜，修疊爲埽臺。務使牽制上下，縝密堅壯，互爲犄角，埽不動搖。日力不足，火以繼之。積累既畢，復施前法卷埽，以厭先下之埽。量水淺深，制埽厚薄，疊之多至四埽而止。兩埽之間置竹絡，高二丈或三丈，圍四丈五尺，實以小石、土牛。既滿，繫以竹纜。其兩旁並埽密下大樁，就以竹絡上大竹腰索繫於樁上。東西兩埽及其中竹絡之上，以草土等物築爲埽臺，約長五十步或百步。再下埽，卽以竹索或麻索長八百尺或五百尺者一二，雜廁其餘管心索之間。俟（歸）〔埽〕（據同上書改）入水之後，其餘管心索如前藴掛。隨以管心長索遠置五七十步之外，或鐵猫，或大樁，曳而繫之，通管束累日所下之埽，再以草土等物通修成隄。又以龍尾大埽密掛於護隄大樁，分折水勢。其隄長二百七十步，北廣四十二步，中廣五十五步，南廣四十二步，自顛至趾通高三丈八尺。其截河大隄，高廣不等，長十有九里百七十七步，其在黄陵北岸者，長十里四十一步，築岸上土隄，西北起東西故隄，東南至河口，長七里九十七步，顛廣六步，趾倍之而强二步，高丈有五尺，接修入水。施土牛、小埽、梢草、雜土，多寡厚薄，隨宜修疊，及下竹絡，安大樁，繫龍尾埽，如前兩隄法。唯修疊埽臺，增用白闌小石。并埽上及前游修埽隄一，長百餘步，直抵龍口。稍北，欄頭三埽並行，埽大隄廣與刺水二隄不同。通前列四埽，間以竹絡，成一大隄，長二百八十步，北廣百一十步，其顛至水面高丈有五尺，水面至澤腹高二丈五尺，通高三丈五尺；中流廣八十步，其顛至水面高丈有五尺，水面至澤腹高五丈五尺，通高七丈。並創築縷水横隄一，東起北截河大隄，西(底)〔抵〕(據同上書改)西刺水大隄，又一隄東起中刺水大隄，西抵西刺水大隄，通長二百四十三步，亦顛廣四步，趾三之，高丈有二尺。修黄陵南岸，長九里百六十步，内創岸上隄，東北起新補白茅故隄，西南至舊河口，高廣不等，長八里二百五十步。

乃入水作石船大隄。蓋由是秋八月二十九日乙巳道故河流，先所修北岸西、中刺水及截河三隄猶短，約水尚少，力未足恃。決河勢大，南北廣四百餘步，中流深三丈餘，益以秋漲，水多故河十之八。兩河争流，近故河口，水刷岸北行，河流湍激，難以下埽。且埽行或遲，恐水盡湧入決河，因淤故河，前功遂墮。魯乃精思障水入故河之方。以九月七日癸丑，逆流排大船二十七艘，前後連以大桅或長樁，用大麻索竹絙絞縛，綴爲方舟，又用大麻索竹絙(用)〔周〕(據元史類編一五賈魯傳改)船身繳繞上下，令牢不可破，乃以鐵猫於上流硾之水中。又以竹絙絶長七八百尺者，繫兩岸大橛上，每絙或硾二舟或三舟，使不得下。船腹略鋪散草，滿貯小石，以合子板釘合之。復以埽密布合子板上，或二重，或三重，以大麻索縛之急。復縛横木三道於〔頭〕梲，皆（頭）（據元史六六河渠志、王圻續通考七黄河考改）以索維之。用竹編笆，夾以草石，立之梲前，約長丈餘，名曰水簾梲。復以木楮拄，使簾不偃仆。然後選水工便捷者，每船各二人，執斧鑿，立船首尾，岸上搥鼓爲號，鼓鳴，一時齊鑿，須臾舟穴水入，并沈遏決河。水怒溢，故河水暴增，卽重（更）〔樹〕（據同上書改）水簾，令後復布小埽、土牛、白闌、長梢，雜以草土（以）〔等〕（據同上書改）物，隨宜填垜以繼之。石船下詣實地，出水基趾漸高，復卷大埽以壓之。前船勢略定，尋用前法沈餘船，以竟後功。昏曉百刻，役夫分番（甚）〔任〕（據王圻續通考七黄河考改）勞，無少間斷。船隄之後，草埽三道並舉，中置竹絡盛石，並埽置樁，繫纜四埽及絡，一如修北截水隄之法，第以中流水深數丈，用物之多，施功之大，數倍他隄。船隄距北岸纔三四十步，勢迫東河，流峻若自天降，深淺叵測。於是先卷下大埽約高二丈者，或四或五，始出水面。修至河口一二十步，用工尤艱。薄龍口，喧豗猛疾，勢撼埽基，陷裂欹傾，俄遠故所，觀者股栗，衆議騰沸，以爲難合，然勢不容已。魯神色不動，機解捷出，進官吏工徒十餘萬人，日加獎諭，辭旨懇至，衆皆感激赴功。十一月十一日丁巳，龍口遂合，決河絶流，故道復通。又於隄前通卷攔頭埽各一道，多者或三或四，前埽出水，管心大索繫前埽，硾後攔頭埽之後，後埽管心大索亦繫小埽，硾前攔頭埽之前，後先羈縻，以錮其勢。又於所交索上及兩埽之間，壓以(土)〔小〕（據元史六六河渠志、王圻續通考七黃河考改）石、白闌、土牛，草土相半，厚薄多寡，相勢措置。埽隄之後，自南岸復修一隄，抵已閉之龍口，長二百七十步。

船隄四道〔成隄〕（據同上書補），用農家場圃之具曰轆軸者，穴石立木如比櫛，薶前埽之旁，每步置一轆軸，以横木貫其後。又穴石，以徑二寸餘麻索貫之，繫横木上，密掛龍尾大埽，使夏秋(濼)〔潦〕（據同上書改）水、冬春淩簰不得肆力於岸。此隄接北岸截河大堤，長二百七十步，南廣百二十步，顛至水面高丈有七尺，水面至澤腹高四丈二尺；中流廣八十步，顛至水〔面〕（據同上書補）高丈有五尺，水面至澤腹高五丈五尺，通高七丈。(四尺)〔仍治〕（據同上書改）南岸護隄埽一道，通長百三十步；南岸護岸馬頭埽三道，通長九十五步。修築北岸隄防，高廣不等，通長二百五十四里七十一步。白茅河口至板城，補築舊隄，長二十五里二百八十五步。曹州板城至英賢村等處，高廣不等，長一百三十三里二百步。稍岡至(錫)〔碭〕山縣（據同上書改）增(倍)〔培〕（據元史六六河渠志改）舊隄，長八十五里二十步。歸德府哈只口至徐州路三百餘里，修完缺口一百七處，高廣不等，積修計(二)〔三〕（據元史六六河渠志、王圻續通考七黃河考改）里二百五十六步。亦思剌店縷水月隄，高廣不等，長六里三十步。

其用物之凡，椿木大者二萬七千，榆柳雜梢六十六萬六千，帶梢連根株者三千（八）〔六八〕（據同上書改）百，藁秸蒲葦雜草以束計者七百（一）〔三〕（據同上書改）十三萬五千有奇，竹竿六十二萬五千，葦蓆十有七萬二千，小石二千艘，繩索小大不等五萬七千，所沉大船百有二十，鐵纜三十有二，鐵猫三百三十有四，竹篾以斤計者十有五萬，硾石三千塊，鐵鑽萬四千二百有奇，大釘三萬三千二百三十有二，其餘若木龍、蠶椽木、麥稭、扶椿鐵叉、鐵弔枝麻、搭火鉤、汲水貯水等具，皆有成數。官吏俸給，軍民衣糧工錢，醫藥、祭祀、賑恤、驛置馬乘，及運竹木、沉船、渡船、下椿等工，鐵、石、竹、木、繩索等匠傭貲，兼以和買民地爲河，併應用雜物等價，通計中統鈔百八十四萬五千六百三十六錠有奇。

魯嘗有言：「水工之功視土工之功爲難，中流之功視河濱之功爲難，決河口視中流又難，北岸之功視南岸爲難。用物之效，草雖至柔，柔能狎水，水漬之生泥，泥與草併，力重如碇。然維持夾輔，纜索之功實多。」蓋由魯習知河事，故其功之所就如此。

玄之言曰：是役也，朝廷不惜重費，不吝高爵，爲民辟害。脱脱能體上意，不憚焦勞，不恤浮議，爲國拯民。魯能竭其心思智計之巧，乘其精神膽氣之壯，不惜劬瘁，不畏譏評，以報君相知人之明。宜悉書之，使職史氏者有所考證也。

史臣曰：議者往往謂天下之亂，皆由賈魯治河之役，勞民動衆之所致。殊不知元之所以亡者，紀綱廢弛，風俗偷薄，其致亂之階，非一朝一夕之故。使魯不興是役，天下之亂詎無從而起乎？

二十六年（丙午、一三六六）二月，黄河北徙。先是，河決小流口，達於清河，壞民居，傷禾稼。至是復北徙，自東明、曹、濮下及濟寧，民皆被害。

河源古無所見，禹貢導河，止自積石。漢使張騫持節道西域，度玉門，見二水交流，發葱嶺，趨于闐，匯鹽澤，伏流千里，至積石而再出。唐（薛）〔劉〕元鼎（據舊唐書一九六下、新唐書二一六下吐蕃傳改）使吐蕃，訪河源，得之於（閟）〔悶〕磨黎山（據元史六三地理志、王圻續通考九黄河考改）。然皆歷歲月，涉艱難，而其所得不過如此。世之論河源者，又皆推本二家，其説怪迂，總其實皆非本真。意者漢、唐之時，外夷未盡臣服，而道未盡通，故其所往，每迂迴艱阻，不能直抵其處而究其極也。元有天下，薄海内外，人迹所及，皆置驛傳，使驛往來，如行國中。至元十七年，命都實爲招討使，佩金虎符，往求河源。都實既受命，是歲至河州。州之東六十里有寧河驛。驛西南六十里有山曰殺馬關，林麓穹隘，舉足浸高，行一日至嶺。西去愈高，四閲月始抵河源。是冬還報，并圖其城傳位置以聞。其後翰林學士潘昂霄從都實之弟闊闊出得其説，撰爲河源志。臨川朱思本又從八里吉思家得帝師所藏梵字圖書，而以華文譯之，與昂霄所志，互有詳略。今取二家之書考定其説，有不同者附注於下。

按河源在吐蕃朶甘思西鄙，有泉百餘泓，〔沮〕（據同上書補）洳散涣，弗可逼視，方可七八十里，履高山下瞰，燦若列星，以故名火敦腦兒。火敦，譯言星宿也。

思本曰：河源在中國西南，直四川馬湖蠻部之正西三千餘里，雲南麗江宣撫司之西北(二)〔一〕（據同上書改）千五百餘里，帝師撒思加地之西南二千餘里。水從地涌出如井，其井百餘，東北流百餘里，匯爲大澤曰火敦腦兒。

羣流奔輳，近五七里，匯二巨澤，名阿剌腦兒。自西而東，連屬吞噬，行一日，迤邐東鶩成川，號赤賓河。又二三日，水西南來，名亦里出，與赤賓河合。又三四日，水南來，名忽闌。又水東南來，名也里朮，合流入赤賓。其流寖大，始名黄河，然水猶清，人可涉。

思本曰：忽闌河源出自南山，其地大山峻嶺，綿亙千里，水流五百餘里，(出)〔注〕（據同上書改）也里出河。也里出河源亦出自南山，西北流五百餘里，始與黄河合。

又一二日，歧爲八九股，名也孫斡論，譯言九渡，通廣五七里，可度馬。又四五日，水渾濁，土人抱革囊，〔乘〕（據説郛引河源志補）騎過之。〔民〕（據同上書補）聚落，糾木幹象舟，傅髦革以濟，僅容兩人。自是兩山峽束，廣可一里、二里或半里，其深叵測。朶甘思東北有大雪山，名亦耳麻不莫剌，其山最高，譯言騰乞里塔，即崑崙也。山腹至頂皆雪，冬夏不消。土人言遠年成冰時，六月見之。自八九股水至崑崙，行二十日。

思本曰：自渾水東北流二百餘里，與懷里火禿河合。懷里火禿河源自南山，水正北偏西流八百餘里，與黃河合。又東北流一百餘里，過郎麻哈地，又正北流一百餘里，乃折而西北流二百餘里，又折而正北流一百餘里，又折而東流，過崑崙山下，番名亦耳麻不〔莫〕剌（據本書上文補）。其山高峻非常，山麓綿亙五百餘里，河隨山足東流，過撒思加闊即、闊提地。

河行崑崙南半日，又四五日，至地名闊即及闊提，二地相屬。又一處地名哈剌別里赤兒，四達之衝也，多寇盜，有官兵鎮之。近北二日，河水過之。

思本曰：河過闊提，與亦西八思今河合。亦西八思今河源自鐵豹嶺之北，正北流凡五百餘里，而與黃河合。

崑崙以西，人簡少，多處山南。山皆不穹峻，水亦散漫，獸有髦牛、野馬、狼、狍、（羱）〔羱〕（據元史六三地理志、王圻續通考九黃河考改）羊之類。其東，山益高，地亦漸下，岸狹隘，有狐可跳躍而越之處。行五六日，有水西南來，名納鄰哈剌，譯言細黃河也。

思本曰：哈剌河自白狗嶺之北，水西北流五百餘里，與黃河合。

又兩日，水南來，名乞兒馬出。二水合流入河。

思本曰：自哈剌河與黄河合，正北流二百餘里，過阿以伯站，折而西北流，經崑崙之北，二百餘里與乞里馬出河合。乞里馬出河源自威、（成）〔茂州〕（據同上書改）之西北岷山之北，水北流，即古當州境，正北流四百餘里，折而西北流五百餘里，與黄河合。河水北行，轉西流，過崑崙北，一向東北流，約行半月，至貴德州，地名必赤里，始有州治官府，州隸吐蕃等處宣慰司，司治河州。又四五日，至積石州，即禹貢積石。五日至河州安鄉關。一日至打羅坑。東北行一日，洮河水南來，入河。

思本曰：自乞里馬出河與黄河合，又西北流，與鵬撥河合。鵬撥河源自鵬撥山之西北，水正西流七百餘里，過札塞塔失地，與黄河合。折而西北流三百餘里，又折而東北流，過西寧州、貴德州、馬嶺，凡八百餘里，與邈水合。邈水源自清唐宿軍谷，正東流五百餘里，過三巴站，與黄河合。又東北流，過土橋站、古積石州來羌城、廓州溝米站界（羌）〔都〕城（據同上書改），凡五百餘里，過河州，與野龐河合。野龐河源自西傾山之北，水東北流，凡五百餘里，與黄河合。又東北流一百餘里，過踏白城銀川站，與湟水、浩亹河合。湟水源自（祈）〔祁〕連山（據元史六三地理志改）下，正東流一千餘里，注浩亹河。浩亹河源自删丹州之南（山）〔删丹〕山（據元史六三地理志、王圻續通考九黄河考改）下，水東南流（一）〔七〕（據同上書改）百餘里，注湟水，然後與黄河合。又東北流一百餘里，與洮河合。

洮河源自羊撒嶺北，東北流，過臨洮府，凡八百餘里，與黃河合。又一日至蘭州。過北卜渡，至鳴沙（河）〔州〕（據說郛引河源志改）。過應吉里州，正東行，至寧夏府南，東行，卽東勝州，隸大同路。自發源至漢地，南北澗溪，細流傍貫，莫知紀極。山皆草石，至積石，方林木暢茂。世言河九折，彼地有二折，蓋乞兒馬出及貴德必赤里也。

思本曰：自洮水與黃河合，又東北流，過達達地，凡八百餘里。過豐州西受降城，折而正東流，過達達地古天德軍、中受降城、東受降城，凡七百餘里。折而正南流，過大同路雲內州、東勝州，與黑河合。黑河源自（漢）〔漁〕陽嶺（據元史六三地理志改。長春真人西遊記作「漁陽關」）之南，水正西流，凡五百餘里，與黃河合。又正南流，過保德州、葭州及興州境，又過臨州，凡一千餘里，與吃那河合。吃那河源自古宥州，東南流，過陝西省綏德州，凡七百餘里，與黃河合。又南流三百里，與延安河合。延安河源自陝西蘆子關亂山中，南流三百餘里，過延安府，折而正東流三百里，與黃河合。又南流三百里，與汾河合。汾河源自河東朔、武州之南亂山中，西南流，過管州，冀寧路汾州、霍州，晉寧路絳州，又西流至龍門，凡一千二百餘里，始與黃河合。又南流二百里，過河中府，遇潼關與太華，大山綿亘，水勢不可復南，乃折而東流。大概河源東北流所歷皆西番地，至蘭州凡四千五百餘里，始入中國。又東北流過達達地凡二千五百餘里，始入河東境內。又南流至河中凡一千八百餘里。通計九千餘里。

元史紀事本末卷十四

官制之定

世祖中統元年（庚申、一二六〇）四月，初定官制。初，太祖鐵木真起自朔土，統有其衆，部落野處，諸事草創，設官甚簡，以斷事官爲至重之任，位三公上，丞相謂之大必闍赤，掌兵柄則左、右萬户而已。後以西域漸定，始置達魯花赤於各城監治之。達魯花赤，華言掌印官也。及取中原，太宗窩闊台始立十路宣課司，選儒臣用之。金人來歸者，因其故官，若行省，若元帥，則以行省、元帥授之。世祖卽位，始大新制作，乃命劉秉忠、許衡酌古今之宜，定内外官制。其總政務者曰中書省，秉兵柄者曰樞密院，司黜陟者曰御史臺。體統既立，其次在内者，則有寺，有監，有衞，有府；在外者，則有行省，有行臺，有宣慰司，有廉訪司；其牧民者，則曰路，曰府，曰州，曰縣。官有常職，位有常員，食有常禄，其長則蒙古人爲之，而漢人、南人貳焉。於是一代之制始備。五月，立十路宣撫司，置宣撫使并副使。

至元七年（庚午、一二七〇）春正月，立尚書省。初議三省並建，侍御史高鳴上言曰：「臣聞三省設自近古，其法由中書出政，移門下議，不合則有駁正，或封還詔書；議合則還移中書。中書移尚書，尚書乃下六部、郡國。方今天下大於古而事益繁，取決一省猶曰有壅，況三省乎。且多置官者，求免失政也。但使賢俊萃於一堂，連署參決，自免失政，豈必別官異坐而後無失政乎！故曰政貴得人，不貴(得)〔多〕(據元史一六〇高鳴傳改)官。不如一省便。」帝深然之。

九年(壬申、一二七二)春正月，罷尚書省。

十五年(戊寅、一二七八)秋七月，詔定武官承襲之制。凡有功陞秩者，原職令他有功者居之，不得令子姪復代。陣亡者始得襲，病死者降一等，把總、百户老死者不襲。著爲令。

十九年(壬午、一二八二)十二月，詔御史臺得自選其屬。初，御史唯用漢人，至是崔彧請參取蒙古人用之。又言臺察之選止(申)〔由〕(據元史一七三崔彧傳、續綱目、薛鑑改)中書，寧無偏黨之弊，今宜令本臺得自選任。既而江淮省臣有欲專恣而忌臺察之言者，上議欲以行臺隸行省，詔廷臣雜議。兵部尚書董文用曰：「御史臺譬之卧虎，雖未噬人，人猶畏其虎也。今虛名僅存，而紀綱猶不振，更加抑之，則風采薾然，無復可望，此不可行也。」從之。

二十年(癸未、一二八三)六月，增給官吏俸。初，詔定官吏贓罪法，自五十貫以上皆決杖除名不敍，百貫以上者死。崔彧言：「今百官月俸不能副贍養之資，難責以廉勤之操，宜更議增庶官月俸。所增俸鈔，唯賦之於民，官吏不貪，民必受惠，其有以貪抵罪，又復何辭。」遂詔內外官吏俸以十分爲差，增給五分。

二十三年（丙戌、一二八六）秋七月，詔中書省銓定省、院、臺、部官屬，自中書令、左右丞相而下，各有定員。仍諭安童曰：「中書省朕當親擇，其餘諸司，並從中書（增）〔裁〕（據元史一四世祖紀、續綱目、薛鑑改）減。」安童曰：「比聞聖意欲倚近侍爲耳目，如臣所行非法，從其舉奏。今近臣乃伺隙援引非類，曰某居某官，某居某職，以所署奏目付中書施行。銓選之法，自有定制，其尤無事例者，臣嘗廢格不行，慮其黨有短臣者。」帝曰：「卿言良是。後若此者，其勿行之。」

三十年（癸巳、一二九三）春正月，汰冗官。先是，趙天麟上策曰：

臣聞設（計）〔紀〕張（網）〔綱〕（據王圻續通考八四職官考改），莫如清簡，建官置吏，切戒繁多。夫爵者官之尊也，階者官之次也，品者官之序也，職者官之掌也，位者官之居也，祿者官之給也，吏者官之佐也。雖則事非位立而不辦，亦有事因位多而益生，此聖王所以貴寡不貴衆，欲靜不欲躁也。唐、虞稽古，建官惟百。夏、商官倍，亦克用乂。周卿分職，各率其屬。厥後職員愈多，而治愈不及古矣。是以漢光廢四百縣而下民業定，隋文廢五百（部）〔郡〕（據同上書改）而天下政行，皆以官不用多而在乎得賢，政不在煩而貴乎省事也。今國家立制，自王及國王、郡王、國公以下爲爵，自特進、崇進至將軍、大夫、校尉、郎爲階，自正一至從九爲品，掌、典、當、行爲職，各職所居爲位，各位養廉之資爲禄，各司贊佐行文之史爲吏，其制亦已詳矣。然而文武二等，分部中外，本欲圖寧，而似乎難寧也。臣伏見京師不急之司、院，無用之局、署，及隨朝臺、省、院、部以下諸有司官吏，可兼不兼，可併不併，亦已有之矣。畿外行省隨省諸有司，宣慰、廉訪等司，路、府、州、縣倉庫局監等諸衙門，及各衙門内官吏，亦有冗者矣。武臣萬户所管不滿萬人，千户所管不滿千人之類，亦已有之矣。

臣竊以冗官之大弊有三：一曰選法之弊，二曰政事之弊，三曰軍民之弊。夫文武官吏，員數既多，當考滿之時，近春秋之選，資格之簿擾攘紛紜，保薦之文交錯旁午，有司行文猶且未暇，奚暇顧孰果有才，孰果有德，而考校之也哉！既不遑考校，則取準於籍文薦書之所陳布者矣。於是雜流之人進，貨賄之竇開，遂致員多缺少，無如之何。經營者早得遷除，養高者坐淹歲月，此選法之弊也。夫文武官吏，員數既多，有當決之事而不決，有當行之事而不行。問其職，則曰我此職也，問其施爲，則曰僚屬非一，豈我之所能獨主。混齊等而難辨，受王命而自安。及乎朝廷聞之，遂立稽違期限之罰，不亦甚歟。此政事之弊也。夫國家用人路廣，浮濫得升，使之臨蒞在下，必不能敷宣政化。如是則刻剥之苦，役使之煩，爲害良多。此軍民之弊也。三弊不絶，而徒立法以防之，不知法立而懼法之人姦欺之計亦益生矣。

伏望陛下察此三弊，凡京師不急之司、院，無用之局、署，及天下諸衙門，可罷者悉罷之。凡行省隨省諸有司，宣慰、廉訪等司，路、府、州、縣等一切諸衙門，及萬户、千户所管不及數之類，可併者悉併之。凡省、臺、院、部以下(有)諸〔有〕(據同上書改)司之官吏，及天下諸衙門之官吏，可減者悉減之。然後以慎名器之法，擇人而用之，又以考幽明之法，順理而考之。則典選者易見其人，易程其效，而選法清矣；臨政者事有所歸，職有所主，而政績成矣；在下者省於煩役，免於苦刻，而民業定矣。民者天下之本，民業定而天下不太平者，未之有也。

上嘉納之，於是省内外官府二百五十五所，官六百六十九員。

元史紀事本末卷十五

尚書省之復

武宗至大二年（己酉、一三〇九）八月，復置尚書省，以乞台普濟爲右丞相，脱虎脱爲左丞相，三寶奴、樂實爲平章政事，保八爲右丞，忙哥鐵木兒爲左丞，王羆參知政事。初，帝從脱虎脱、教化、法忽魯丁言，欲復置尚書省，分理財用。御史臺臣言：「至元中，阿合馬、桑哥相繼立尚書省，綜理財用，事敗，併入中書。今四方地震水災，歲仍不登，百姓重困，又復立之，則必增置有司，濫設官吏，殆非益民之事。且綜理財用，在人爲之，若止命中書，未見不可。」帝曰：「卿言良是。此二人者，願任其事，姑聽其行焉。」至是，樂實又與保八言其事，帝命與塔思不花集議。保八言：「政事得失，皆前日中書省臣所爲，今欲舉正，彼懼有累，孰願行者。臣請乞舊事從中書，新政從尚書。其尚書省官，請以乞台普濟、脱虎脱等爲之。」帝並從其議。塔思不花言：「此大事，遽爾更張，乞與諸老臣更議之。」帝不從。三寶奴言：「尚書省既立，更新庶政，變易鈔法，用官六十四員。其中宿衛之士有之，品秩未至者有之，未歷仕者有之，此皆素習於事，既已任之，乞勿拘例，授以宣勅。」仍改各行中書省爲行尚書省，以尚書條畫頒示天下，敢有沮撓者罪之。

九月，帝從樂實言，鈔法大壞，乃改造至大銀鈔，凡十三等，每一兩準至元鈔五貫，白銀一兩，黄金一錢。隨路立平準行用庫，買賣金銀，倒換（綹）〔昏〕（據元史二三武宗紀、薛鑑改）鈔，或民間絲綿布帛赴庫回易，依驗時估給價。隨處路、府、州、縣設立常平倉，以權物價，豐年收糴粟麥米穀，值青黄不接之時，比附時估，減價出糶，以遏沸湧。金銀私相買賣，及海船興販金、銀、銅錢、絲綿、布帛下海者，並禁之。

尚書省言：「古者設官分職，各有攸司。方今地大民衆，事益繁冗，若使省臣總挈綱領，庶官各盡厥職，其事豈有不治。頃歲省（費）〔務〕（據同上書改）壅塞，朝夕惟署押文案，事皆廢弛，天災民困，職此之由。自今以始，省、部一切皆令從宜處置，大事或須上請，得旨卽行。用成至治，上順天道，下安民心。」又言：「國家地廣民衆，古所未有。累朝格例，前後不一，執法之吏，輕重任意。請自太祖以來所行政令九千餘條，刪除繁冗，使歸於一，編爲定制。」並從之。

時又立資國院於大都，山東、河（南）〔東〕（據元史二三武宗紀、續綱目、薛鑑改）、遼陽、江淮、湖廣、四川立泉貨監六，產銅之地設提舉司十九，鑄錢曰至大通寶者，〔每一文準銀鈔一釐，曰大元通寶者」(據續綱目、薛鑑補),準至大錢十文,與歷代錢通用。其當五、當三、折二,並以舊數用之。既而御史言:「至大銀鈔始行,品目繁多,民猶未悟,而又兼行銅錢,慮有相妨。今民間拘收銅器甚急,民殊不便。乞與省臣詳議。」不報。

尚書省上言:「三宫内降之旨,曩中書奏請勿行,臣等謂宜仍舊行之。儻於大事有害,則復奏請。中書之務乞以盡歸臣等。至元二十四年,凡宣敕亦以尚書省掌之,今臣議乞從尚書省任人,而以宣敕省官委中書。」從之。

三年(庚戌、一三一〇)六月,詔尚書省右丞相脱虎脱、左丞相三寶奴,盡總百司庶務。三寶奴言:「省、部官不肯恪勤署事。」敕:「自今晨集暮退,苟或怠弛,不必以聞,便宜罪之。其到任者,或一再月辭以病者,杖罷不敍。」

四年(辛亥、一三一一)正月,帝崩。皇太子罷尚書省,脱虎脱、三寶奴、樂實、保八、王羆等皆伏誅。初,皇太子以脱虎脱等變亂舊章,流毒百姓,凡誤國者欲悉按誅之。延慶使楊朶兒只諫曰:「爲政而首尚殺,非帝王治也。」太子感其言,特誅其尤者。既而御史言:「脱虎脱等既正典刑,而黨附之徒布在列司,若孛羅、忙哥鐵木兒、闊里吉思、烏馬兒等,奸貪害政,今中書方欲用爲各省平章、參政等官,宜加罷黜。」遂流忙哥等於海南。尋復以行尚書省爲行中書省,有司百務復歸中書。

四月，罷行至大銀鈔銅錢，資國院及各處泉貨監提舉司俱罷。應尚書省已發各處至大鈔本及至大銅（鈔）〔錢〕（據元史二四仁宗紀、薛鑑改），截日封貯，民間行使者赴行用庫倒換。楊朶兒只曰：「法有便否，不當視立法之人爲廢置。銅錢與楮幣相權而用，古之道也，何可遽廢耶？」言雖不用，時論是之。

陳邦瞻曰：元世尚書省之設凡三，阿合馬、桑哥、脱虎脱三人相終始，初皆以言利當人主意，尚書省蓋專爲理財用設也。中書何不可理財，而必別設一省與之並哉？由元世任用勳舊，諸人皆新進，若與之同官，勢必出其下，不可得志。惟別立尚書省，而中書之權遂奪，權奪而諸勳舊束手擁虛位矣，此阿合馬諸人之謀也。

元史紀事本末卷十六

諸儒出處學問之概

世祖至元十八年（辛巳、一二八一）三月，許衡卒。衡自辭國子祭酒歸懷孟，至是病革。家人祀先，衡曰：「吾一日未死，敢不躬祀。」扶而起，奠獻如儀。既徹，家人餕，怡怡如也。已而卒，年七十三。懷人無貴賤少長，皆哭於其門。四方學士大夫聞訃，皆爲位而哭。衡嘗語其子曰：「我平生虛名所累，竟不能辭官。死後慎勿請謚，勿立碑，但書『許某之墓』四字，使子孫識其處足矣。」後贈司徒，封魏國公，謚文正。虞集曰：「南北未一，許衡先得朱子之書，伏讀而深信之，持其說以事世祖。儒者之道不廢，衡實啓之。」衡學問始末，與姚樞、竇默、趙復等出處，俱附見宋編。

十九年（壬午、一二八二）十二月，徵處士劉因。因字夢吉，容城人。天資絶人，日記數千言，過目成誦。初爲經學，究訓詁注釋之說，嘆曰：「聖人精意，殆不止此。」及得周、邵、程、朱之書，一見卽曰：「我固謂當有是也。」及論其學之所長，曰：「邵至大也，周至精也，程至正也，朱子極其大盡其精而貫之以正也。」愛諸葛孔明「靜以修身」之語，表所居曰「靜修」。至是，以不忽木薦，詔徵之，擢右贊善大夫。尋以繼母老辭歸，俸給一無所受。後復以集賢學士徵，因上宰相書力辭。帝聞之，曰：「古有所謂不召之臣，其斯人之徒歟。」遂不强。三十年，卒於家。

成宗大德七年（癸卯、一三〇三）夏四月，蘭谿處士金履祥卒。履祥字吉父，幼敏睿，及長，從學同郡王柏及何基之門。基則學於黄榦，而榦則親得朱熹之傳者。宋將亡，遂絕意進取，屏居金華山中，訓迪後學，諄切無倦。及何基、王柏之喪，履祥率其同門之士，以義制服，觀者始知師弟之繫於彝倫也。履祥嘗謂司馬文正公作資治通鑑，劉恕爲外紀以記前事，不本於經而信百家之說，是非謬於聖人，不足以傳信。乃用邵氏皇極經世歷、胡氏皇王大紀之例，損益折衷，一以尚書爲主，下及詩、禮、春秋，旁採舊史諸子，表年繫事，斷自唐堯以下，接於通鑑之前，勒爲一書，名曰通鑑前編。以授門人許謙曰：「二帝三王之盛，其微言懿行，宜後王所當法。戰國申、商之術，其苛法亂政，亦後王所當戒。則是編不可以不著也。」謙嘗序其論孟考證曰：「聖賢之心盡在四書，而四書之義備於朱子。顧其立言，詞約意廣，讀者咸得其粗而不能悉究其義，或以一偏之致自異，而初不知未離其範圍。世之詆訾貿亂，務爲新奇者，其弊正在此耳。此金先生考證之所由作也。始余三四讀，自以爲瞭然，已而不能無惑，久若有得，覺其意初不與己異，愈久而所得愈深，與己意合者亦大異於初矣。童而習之，白首不知其要領者何限？其可以易心求之哉。」當時以基之清介純實似尹和靖，柏之高明剛正似謝上蔡，履祥則親得之二氏，而並充於己者也。居仁山之下，學者稱爲仁山先生。

十(二)〔一〕(據元史一八九蕭𣄸傳、續綱目、薛鑑改)年(丁未、一三〇七)十二月，徵處士蕭𣄸爲太子諭德。𣄸字惟斗，陝西奉元人。初，出爲府史，與上官語不合，即引退。讀書南山者二十年，不求進取。博極羣書，及門受業者甚衆。鄉人有暮行遇盜，詭曰：「我蕭先生也。」盜驚愕釋去。世祖時，辟爲陝西儒學提舉，不赴。後累授集賢直學士、國子司業，改集賢侍讀學士，俱不赴。至是，徵拜太子右諭德。扶病至京師，入覲東宮，書酒誥爲獻，以朝廷時尚酒故也。尋以病請解職。或問之，則曰：「禮，東宮東面，師傅西面，此禮今可行乎？」俄擢集賢直學士、國子祭酒，依前右諭德，固辭而歸。卒，謚貞敏。同時有韓擇，字從善；侯均，字伯仁；同恕，字寬甫；恕弟子第五居仁，字士安：皆奉元人，以學行名振關中，學者宗之。

文宗天歷二年(己巳、一三二九)春正月，贈緱山處士杜瑛爲翰林院學士，謚文獻。瑛字文玉，其先霸州信安人。亡金時，避地河南緱山中，搜訪諸書盡讀之。世祖中統初，詔徵爲懷孟提舉學校官，不赴。杜門著書，優游道藝，以終其身。所著書曰春秋地理原委十卷，語孟旁通八卷，皇極引用八卷，皇極疑事四卷，極學十卷，律呂律歷禮樂雜志三十卷，文集十卷。其於律則究其始，研其義，長短清濁，周徑積實，各以類分，取經史之説以實之，而折衷其是非。其於歷則謂造歷者皆從十一月甲子朔夜半冬至爲歷元，獨邵子以爲天開於子，取日甲、月子、星甲、辰子爲元會運世之數，無朔虚，無閏餘，率以三百六十爲歲，而天地之盈虚，百物之消長，不能出乎其中矣。論閉物開物，則曰開於己，閉於戌。五，天之中也；六，地之中也；戊己，月之中星也。又分卦配之紀年，金之大定庚寅，交小過之初六，國朝之甲寅三月二十有三日寅時，交小過之九四。其説多先儒所未發云。

至順二年（辛未、一三三一）六月，吴澄卒。澄字幼清，撫州崇仁人。自幼用力聖賢之學，嘗著説曰：「道之大原出於天，神聖繼之。堯、舜而上，道之元也。堯、舜而下，其亨也。洙、泗、鄒、魯，其利也。濂、洛、關、閩，其貞也。分而言之，上古則羲皇其元，堯、舜其亨，禹、湯其利，文、武、周公其貞乎。中古之統，仲尼其元，顔、曾其亨，子思其利，孟子其貞乎。近古之統，周子其元，程、張其亨也，朱子其利也，孰爲今日之貞乎？未之有也。然則可以終無所歸哉！」其早以斯文自任如此。宋末，舉進士不第，隱居布水谷，讀書著述，遂不復出。至元中，召至京師，欲官之，以母老辭歸。朝廷命有司即其家録所著書，置於國子監。除江西儒學副提舉，以疾去。尋爲翰林學士，泰定間謝病歸。士大夫皆迎請執業，而四方之士，不憚數千里，躡履負笈，來學山中者，常不下千數百人。少暇卽著書，至將終，猶不置也。於易、書、詩、春秋、禮記各有纂言，盡破傳注穿鑿，以發其藴，條歸紀敍，精明簡潔，卓然成一家言。作學基、學統二篇，使人知學之本，與爲學之敍。尤有得於邵堯夫、陸子静之學。校定皇極經世書，又校正老子、莊子、太玄經、樂律及八陣圖、郭璞葬書。初，澄所居草屋數間，程鉅夫題曰「草廬」，故學者稱之爲草廬先生。卒年八十五，有大星墜其舍東北。贈臨川郡公，謚文正。

順帝元統二年（甲戌、一三三四）夏四月，休寧處士陳櫟卒。櫟字壽翁，少有異質。宋亡，科舉廢，櫟慨然發憤，致力於聖賢之學，以朱熹氏爲宗。延祐初，詔科舉取士，櫟不欲就試，有司强之試，中選，遂不赴禮部。教授於家，不出門户者數十年。所居堂曰定宇，學者稱爲定宇先生。至是卒，年八十三。揭傒斯志其墓，與吳澄並稱，曰：「澄居通都大邑，又數登用於朝，天下學者四面而歸之，故其道遠而章，尊而明。櫟居萬山間，與木石居，而足跡未嘗出鄉里，故其學必待其書之行，天下乃能知之。及其行也，亦莫之禦，是可謂豪傑之士矣。」世以爲知言。

櫟同郡胡一桂、胡炳文。一桂字廷方，婺源人。初，德興沈貴寶受易於董夢程，夢程受朱熹之易於黄榦。一桂父方平，及從貴寶、夢程學，嘗著易學啓蒙通釋。一桂之學出於方平，得朱熹氏源委之正，所著書有周易本義附録纂疏、（本義）〔周易〕啓蒙翼傳（據千頃堂書目一改）、朱子詩傳附録纂疏，並行於世。學者稱雙湖先生。炳文字仲虎，亦以易名家，作易本義通釋，而於朱熹所著四書用力尤深。餘干饒魯之學本出於朱熹，而其爲説多與熹牴牾。炳文深正其非，作四書通，凡詞異而理同者，合而一之；辭同而指異者，析而辨之，往往發其未盡之藴。東南學者因其所自號稱雲峯先生。

至元三年（丁丑、一三三七）冬十月，金華處士許謙卒。謙字益之。父觥，宋淳祐七年進士。謙少孤，甫能言，母陶授以孝經、論語，入耳輒不忘。既長，遭國亡而家亦破，自力於學。借書於人，以四部分〔晝夜〕（據元史一八九許謙傳補）讀之。所涉向博，而有疑無所從質，聞鄉先生金履祥深明道學之要，遂委己而學焉。履祥告之曰：「吾儒之學，理一而分殊，理不患其不一，所難者分殊耳。」又曰：「聖人之道，中而已矣。」謙由是致其辨於分之殊，而要其歸於理之一，每事每物求乎中者而用之。蓋自其登金氏之門，卽以聖賢之學爲己任，師弟子問口授指畫，盡得其相傳之奥。履祥没，謙益加充闡，自得者爲多。於書無所不觀，窮探聖微，有不可通，卽不敢强。於儒先之説所未安者，亦不敢苟同也。謙學於天文、地理、典章、制度、食貨、刑法、字學、音韻、醫經、數術，靡不該貫。一事一物可爲博聞多識之助者，必謹志之。而異端之説，必洞究其藴奥。其教學者，以五性人倫爲本，以開明心術、變化氣質爲先，以爲己爲立心之要，以分別義利爲處事之制，至誠諄切，内外殫盡，爲學者師四十年。部使者數列其行義於朝，郡舉茂才，又舉遺逸以應詔，皆固辭。江浙鄉闈嘗請持文衡，亦辭不就。所著述甚衆，尤深於易。嘗謂伏羲之經，廣大悉備。文王、周公、孔子之辭，乃其傳注。六爻之義，特發凡舉例耳。學者稱爲白雲先生，後謚文懿。

王褘曰：堯、舜、禹、湯、文、武、周公相傳之道，至孔子乃集其大成。宋周、程氏者作，復續斯道之統。而道南之學由楊時氏，一再傳爲羅從彦氏、李侗氏，至朱熹氏又集其大成者也。然孔門羣弟子，惟曾氏之傳得其宗。曾氏以其所傳傳之子思，子思以傳之孟子，一出於正焉。朱氏之徒亦衆矣，得其宗者惟黄榦氏，榦傳何基氏，基傳王柏氏，柏之傳爲履祥爲謙。其授受之淵源，如御一車以行大逵，如執一籥以節衆音，推原統緒，必以四氏爲朱學之正適，亦何其一出於正，粹然如此也。程氏之學，至朱氏而始明，朱氏之道，至金氏、許氏而益著。使百年以來，學者有所宗鄉，不爲異説所遷，而道術必出於一，可謂有功於斯道者矣。大抵儒者之功，莫大於爲經，經者斯道之所載焉者也。有功於經，卽其所以有功於道也。金氏、許氏之爲經，其爲力至矣，其於斯道，謂之有功非耶。

（五）〔至正六〕（據元史一八九黄澤傳、薛鑑改）年（丙戌、一三四六）十二月，資州處士黄澤卒。澤字楚望。生有異質，自少以明經學道爲志。好爲苦思，久之，如有所見，作顏淵仰高鑽堅論。大德中，江西行省聞其名，授江州景星書院山長。既久，又爲山長於洪州東湖書院，受學者益衆。秩滿卽歸，閉門授徒，不復言仕。嘗以爲去聖久遠，經籍殘闕，傳注家率多傅會，近世儒者又各以才識求之，故議論雖多，而經旨愈晦。必積誠研精，有所悟入，然後可以窺見聖人之本真。既乃盡悟失傳之旨。自言每於幽閒寂寞、顛沛流離、疾病無聊之際得之，及其久也，則豁然無不貫通。於是六經傳注之失，未決之疑，凡數十年苦思而未通者，皆渙然冰釋，作十翼舉要、三傳義例〔考〕（據元史一八九黄澤傳、千頃堂書目二補）、翼經罪言。吳澄嘗觀其書，以爲平生所見明經士未有能及之者，謂人曰：「能言距楊、墨者，聖人之徒也，楚望真其人乎。」然澤雅自慎重，未嘗輕與人言。李洞使過九江，請北面爲弟子，（授）〔受〕（據元史一八九黄澤傳、薛鑑改）一經，且將經紀其家。澤謝之曰：「以君之才，何經不可明，然亦不過筆授其義而已。若余則於艱苦之餘，乃能有見。吾非邵子，不敢以二十年林下期君也。」洞歎息而去。或問澤自閟如此，寧無不傳之懼。澤曰：「吾道興廢，上關天運，豈區區人力所致。」門人惟新安趙汸爲高弟，得其春秋之學爲多。

元史紀事本末卷十七

郭守敬授時曆

世祖至元十七年（庚辰、一二八〇）十一月甲子，行授時曆。

先是至元初，劉秉忠言：「大明曆自遼、金承用二百餘年，浸以後天，宜在所立改。」未及用其議而秉忠没。至十三年，江南略平，天下混一，上思其言，遂議改修新曆，立局以庀事，詔郭守敬與王恂率南、北日官，分掌測驗，而張文謙、張易領其事，前中書左丞許衡亦參預焉。守敬乃言：「曆之本在於測驗，而測驗之器莫先於儀表。今司天渾儀，宋皇祐中汴京所造，與此處天度不符，比量南、北二極，差約四度。表石年深，亦復欹側，宜盡改其失，更置之。」及擇高塏之所，造木爲重棚，創簡儀、高表，用相比覆。又以爲天樞附極而動，昔人嘗展管望之，未得其的，作候極儀。極辰既得，天體斯正，作渾天象。象雖形似，莫適所用，作玲瓏儀。以表之矩方測天之正圓，莫如以圓求圓，作仰儀。古有經緯，結而不動，改之作立運儀。日有中道，月有九行，合而作證理儀。表高景虚，（其）〔罔〕（據元文類五〇郭公行狀、元史一六四郭守敬傳改)象非真，作景符。月雖有明，測景則難，作闚几。歷法之驗，在於交會，作日食月食儀。天有赤道，輪以當之，兩極低昂，標以指之，作星晷定時儀。其器凡十有三。又作正方按、(九)〔丸〕(據元文類五〇郭公行狀改)表、懸正儀、〔座正儀〕(據元文類五〇郭公行狀、元史一六四郭守敬傳補)，凡四等，爲四方行測者所用。又作仰規覆矩圖、異方渾蓋圖、日出入永短圖，凡五等，與上諸儀互相參攷。十六年，改局爲太史院，以恂爲太史令，守敬同知太史院事。乃進所造儀表式於榻前，指陳理致，一一周悉，自朝及夕，上不爲倦。因奏：「唐開元間，僧一行令南宮説測景天下，其可考者，(今)〔凡〕(據同上書改)十三處。今疆宇比唐尤廣，必多方測驗，而後日月交會分數時刻之不同，晝夜長短之不同，日月星辰去天高下之不同，可得周知。」上可其奏，乃置監候官十四人，分道而出，先從南北取直立表以測景。南海，北極出地(二)〔一〕(據元文類五〇郭公行狀、元史四八天文志改)十五度，夏至景在表南，長一尺一寸六分，晝五十(六)〔四〕(據同上書改)刻，夜四十(四)〔六〕(據同上書改)刻。衡嶽，北極出地二十五度，夏至日在表端，無影，晝五十六刻，夜四十四刻。岳臺，北極出地三十五度，夏至景長一尺四寸八分，晝六十刻，夜四十刻。和林，北極出地四十五度，夏至景長三尺二寸四分，晝六十四刻，夜三十六刻。鐵勒，北極出地五十五度，夏至景長五尺一分，晝七十刻，夜三十刻。北海，北極出地六十五度，夏至景長六尺七寸八分，晝八十二刻，夜一十八刻。繼又測驗，上都北極出地四十三度少，北京北極出地四十二度强，益都北極出地三十七度少，登州北極出地三十八度少，高麗北極出地三十八度少，西京北極出地四十度少，太原北極出地三十八度少，安西府北極出地三十四度半强，興元北極出地三十三度半强，成都北極出地三十一度半强，西涼州北極出地四十度强，東平北極出地三十五度太，大名北極出地三十六度，南京北極出地三十四度太强，陽(成)〔城〕(據同上書改)北極出地三十四度太弱，揚州北極出地三十三度，鄂州北極出地三十一度半，吉州北極出地二十(三)〔六〕(據同上書改)度半，雷州北極出地二十度太，(瑤)〔瓊〕州(據同上書改)北極出地十九度太。

十七年，新歷成。守敬與諸太史同上奏曰：

帝王之事，莫重於歷。自黄帝迎日推策，帝堯以閏月定四時成歲，舜在璇璣玉衡以齊七政，爰及三代，歷無定法。周、秦之間，閏餘乖次。至漢造三統歷，百三十年而是非始定。東漢造四分歷，七十餘年而儀式方備。又百(三)〔二〕(據元文類五〇郭公行狀、元史一六四郭守敬傳改)十一年，劉洪造乾象歷，始悟月行有遲疾。又百八十年，姜岌造三紀甲子歷，始悟以月食衝檢(月)〔日〕(據同上書改)宿度所在。又五十七年，何承天造元嘉歷，始悟以朔望及弦皆定大小餘。又六十五年，祖沖之造大明歷，始悟太陽有歲差之數，極星去不動處一度餘。又五十二年，張子信始悟日月交道有表裏，五星有遲疾留逆。又三十三年，劉焯造皇極歷，始悟日行有盈縮。又三十五年，傅仁均造戊寅元歷，頗採舊儀，始用定朔。又四十六年，李淳風造麟德歷，以古歷章蔀元首分度不齊，始爲總法，用進朔以避晦晨月見。又六十三年，僧一行造大衍歷，始以朔有四大三小，定九服交食之異。又九十四年，徐昂造宣明歷，始悟日食有氣、刻、時三差。又二百三十六年，姚舜輔造紀元歷，始悟食甚泛餘差數。以上計千一百八十二年，歷經七十改，其創法者十三家。

自是又百七十四年，唯我聖朝，統一六合，肇造區夏，專命臣等改治新歷。臣等用創造簡儀、高表，憑測到實數，所攷正者凡七事：

一曰冬至。自丙子年立冬後，依每日測到晷影，逐日取對，冬至前後日差同者爲準，得丁丑年冬至在戊戌日夜半後八刻半，又定戊寅冬至在癸卯日夜半後三十三刻，己卯冬至在戊申日夜半後五十七刻半，庚辰冬至在癸丑日夜半後八十一刻半，(凡)〔各〕(據同上書改)減大明歷十八刻。遠近相符，前後應準。

二曰歲餘。自劉宋大明歷以來，凡測景、驗氣，得冬至時刻真數者有六，用以相距，各得其時合用歲餘。今攷(定)〔驗〕(據同上書改)四年，相符不差。仍自宋大明壬寅年，距至今日八百一十年，每歲合得三百六十五日二十四刻二十五分，其二十五分爲今歷歲餘合用之數。

三曰日躔。用至元丁丑四月(丁丑)〔癸酉〕(據同上書改)望月食既，推求日躔，得冬至日躔赤道箕宿十度，黄道箕九度有畸。仍憑每日測到太陽躔度，或憑星測月，或憑月測日，或徑憑星度測日，立術(準)〔推〕(據同上書改)算，起自丁丑正月，至己卯十二月，凡三年，共得一百三十四事，皆躔於箕，與月食相符。

四曰月離。自丁丑至今，〔憑〕(據同上書補)每日測到逐時太陰行度推算，變從黄道求入轉，極遲極疾并平行處，前後凡十三轉，計五十一事，内除不的者外，有三十事，得大明歷入轉後天。又因考驗交食，加大明歷三十刻，與天道合。

五曰入交。自丁丑五月以來，憑每日測到太陰去極度數，比擬黄道去極度，得月道交於黄道，共得八事。仍依日食法度推求，皆有食分，得入交時刻，與大明歷所差不多。

六曰二十八宿距度。蓋自漢太初〔歷〕(據同上書補)以來，距度不同，互有損益。大明歷則於度下餘分附以太、半、少，皆私意牽就，未嘗實測其數。今新儀皆細刻周天度分，每度爲三十六分，以距線代管闚，宿度餘分並依實測，不以私意牽就。

七曰日出入晝夜刻。大明歷日出入晝夜刻，皆據汴京爲準，其刻數與大都不同。今更以本方北極出地高下，黄道出入内外度，立法推求每日日出入晝夜刻，得夏至極長，日出寅正二刻，日入戌初二刻，晝六十二刻，夜三十八刻；冬至極短，日出辰初二刻，日入申正二刻，晝三十八刻，夜六十二刻。永爲定式。

所創法者凡五事：

一曰太陽盈縮。用四正定氣立爲升降限，依立招差，求得每日行分初末極差積度，比古爲密。

二曰月（分）〔行〕（據同上書改）遲疾。古歷皆用二十八限，今以萬分日之八百二十分爲一限，凡（折）〔析〕（據同上書改）爲三百三十六限，依垜疊（格）〔招〕（據同上書改）差求得轉分進退，其遲疾度數逐時不同，蓋前所未有。

三曰黄赤道差。舊法以一百一度相（滅）〔減〕（據同上書改）相乘，今依算術勾股、弧矢、方圓、斜直所容，求到度率積差，差率與天道實爲脗合。

四曰黄赤道内外度。據累年實測，内外極度二十三度九十分，以圓容方直矢接勾股爲法，求每日去極，與所測相符。

五曰白道交周。舊法黄道（推）變〔推〕（據同上書改）白道，以斜求斜。今用立渾比量，得月與赤道正交，距春秋二正黄赤道正交一十四度六十六分，擬以爲法，推逐月每交二十八宿度分，於理爲盡。

是歲，有詔頒行新歷，賜名授時。

於是歷雖已頒，而推步之式，立成之數，猶未有成書。會太史卒，守敬乃比次篇類，整齊分秒，裁爲推步七卷，立成二卷，歷議擬稿三卷，轉神選擇二卷，上中下三歷註式十二卷。二十(二)〔三〕(據同上書改)年，陞太史令，遂奏上其書。又爲時候箋註二卷，修改源流一卷，儀象法式二卷，二至晷景考二十卷，五(行)〔星〕細行考(據同上書改)五十卷，古今交食攷一卷，新測二十八舍雜坐諸星(八)〔入〕宿去極(據同上書改)一卷，新測無名諸星一卷，月離攷一卷。並藏之官。

古歷天周與歲周小餘同於日度四分之一，漢、魏以來，漸覺不齊，而破分之論起。守敬乃用百年爲率，小餘之下增損各一，以之上推往古，下驗方來，無不脗合。乃積年日法、演積分换之説，皆所不用。其所爲歷，測驗既精，設法詳具，今且九十年，無分毫差者。舊儀(悉)〔既〕(據元文類五〇郭公行狀改)多蔽礙，且距齒有度刻而無細分，以管望星，漸外則所見漸展，尤難取的。守敬所爲儀，但用天常赤道四遊三環三距，設四遊於赤道之上，而附直距於四遊之外，與雙環兩間，同結(環)〔線〕(據同上書改)距端。測日月星則以兩線相望，取其正中所當之刻之度之分之秒，至爲切密。八尺之表，夏至景長尺有五寸，千里爲差一寸，其説見於周官、周髀，唐一行雖嘗疑之，而未之有改。守敬乃爲表比古制加五倍，上施横梁，每日中以符竅夾測横梁之景，折取中數，視舊法但取表端之景者加審矣。

元史紀事本末卷十八

佛教之崇

世祖至元十九年（壬午、一二八二），帝師亦憐真死，（按：亦憐真卒於至元十六年，見元史卷一〇世祖紀，本書下文亦云「亦憐真嗣凡六歲」，其嗣位在十一年，則應卒於十六年，十九年乃下任帝師嗣位之年，而非亦憐真之卒年。下文云，「至是死。」其誤同此。）答兒麻八剌（乞列）〔剌吉塔〕（據標點本元史二〇二釋老傳改。下同）嗣。初，土番人八思巴者，相傳自其祖朶栗赤，以其法佐國主，霸西域十餘世。八思巴生七歲，誦經數十萬言，能約通其大義，國人號之聖童。年十五，謁帝於潛邸，與語大悅，日見親幸。中統元年，帝卽位，尊爲國師，授玉印。命製蒙古新字，字成上之。其字僅千餘，其母凡四十有一，其相關紐而成字者，則有韻關之法；其以二合、三合、四合而成字者，則有語韻之法，而大要則以諧聲爲宗。至元六年，詔頒行天下，凡璽書頒降，並用蒙古新字，各以其國字副之。遂升號八思巴曰大寶法王。十一年，請告西還，乃以其弟亦憐真嗣焉。十六年，八思巴死，詔贈皇天之下一人之上〔開教〕宣文輔治大聖至德普覺真智佑國如意大寶法王西天佛子大元帝師（據輟耕録一二補）。亦憐真嗣凡六歲，至是死，復以答兒麻八剌（乞列）〔剌吉塔〕嗣位。自是每帝師一人死，必自西域取一人爲嗣，終元世無改焉。

文宗天歷二年（己巳、一三二九），帝師（輦）〔輦〕真吃剌〔失〕思（據元史二〇二釋老傳改補）至，上命朝廷一品以下咸郊迎。大臣俯伏進觴，帝師不爲動。惟國子祭酒孛朮魯翀舉觴立進曰：「帝師釋迦之徒，天下僧人師也。予孔子之徒，天下儒人師也。請各不爲禮。」帝師笑而起，舉觴卒飲，衆爲之栗然。

按元自太祖起朔方時，已崇尚釋教。及得西域，世祖以其地廣且險遠，俗獷好鬭，思有以柔服其人，乃郡縣土番之地，設官分職，盡領之於帝師。乃立宣政院，其爲使位居第二者，必以僧爲之。帥臣以下，亦僧俗並用，軍民盡屬統理。於是帝師之命，與詔勅並行西土。百年之間，朝廷所以敬禮而尊信之者，無所不用其至，雖帝、后、妃、主，皆因受戒而爲之膜拜。正衙朝會，百官班列，而帝師亦或專席於坐隅。且每帝即位之始，降詔褒護，必勅章佩監絡珠爲字以賜，蓋其重之如此。其未至而迎之，則中書大臣馳驛累百騎以往，所過供億送迎。比至京師，則勅大府假法駕半仗以爲前導，詔省、臺、院官以及百司庶府，並服銀鼠質孫，用每歲二月八日迎佛威儀往迓，且命禮部尚書、郎中專督迎接。及其卒而歸葬舍利，又命百官出郭祭餞。大德九年，專遣平章政事鐵木兒乘傳護送，賻金五百兩、銀千兩、幣帛萬疋、鈔三千錠。皇慶二年，加至賻金五千兩、銀一萬五千兩、錦綺雜綵共一萬七千疋。雖其昆弟子姓之往來，有司亦供億無乏。泰定間，以帝師弟公哥亦思監將至，詔中書持羊酒郊勞。而其兄瑣南藏卜遂尚公主，封白蘭王，賜金印，給圓符。其弟子之號司空、司徒、國公，佩金玉印章者，前後相望。

爲其徒者，怙勢恣睢，日新月盛，氣燄薰灼，延於四方，爲害不可勝言。有楊璉真加者，世祖用爲江南釋教總統，發掘故宋趙氏諸陵之在錢塘、紹興者及其大臣塚墓，凡一百(十)〔一〕〔一〕(據元史二〇二釋老傳、續綱目、薛鑑改。按續綱目、薛鑑此事系在至元十五年)所，戕殺平民四人，受人獻美女寶物無算，且攘奪盜取財物，計金一千七百兩、銀六千八百兩、玉帶九、玉器大小百一十有一、雜寶貝百五十有二、大珠五十兩、鈔一十一萬六千二百錠、田二萬三千畝，私庇平民不輸公賦者二萬三千户。他所藏匿未露者不論也。又至大元年，上都開元寺西僧强市民薪，民訴諸留守李璧。璧方詢問其由，僧已率其黨持白梃突入公府，隔案引璧髮捽諸地，捶扑交下，拽之以歸，閉諸空室。久乃得脱，奔訴於朝，遇赦以免。二年，復有僧龔柯等十八人與諸王合兒八剌妃忽禿赤的斤争道，(挺)〔拉〕(據元史二〇二釋老傳、續綱目、薛鑑改)妃墮車，毆之，且有犯上等語。事聞，詔釋不問。

而宣政院臣方奏取旨，凡民毆西僧者截其手，詈之者斷其舌。時仁宗居東宮，聞之，亟奏寢其令。泰定二年，西臺御史李昌言：「嘗經平涼府、静、會、定西等州，見西番僧佩金字圓符，絡繹道路，馳騶累百，傳舍至不能容，則假館民舍，因迫逐男子，奸汚女婦。奉元一路，自正月至七月，往返者百八十五次，用馬至八百四十餘匹，較之諸王、行省之使，十多六七。驛户無所控訴，臺察莫得誰何。且國家之製圓符本爲邊防警報之虞，僧人何事而輒佩之？乞更正僧人給驛法，且令臺憲得以糾察。」不報。必蘭納識里之誅也，有司籍之，得其人畜、土田、金銀、貨貝、錢幣、邸舍、書畫、器玩以及婦人七寶裝具，價直鉅萬萬云。

若歲時祝釐禱祠之常，號稱好事者，其目尤不一。有曰鎮雷阿蘭納四，華言慶讚也。有曰亦思滿藍，華言藥師壇也。有曰擲思串卜，華言護城也。有曰朵兒禪，華言大施食也。有曰朵兒只列朵四，華言美妙金剛迴遮施食也。有曰察兒哥朵四，華言迴遮也。有曰籠哥兒，華言風輪也。有曰喒朵四，華言作施食也。有曰出朵兒，華言出水濟六道也。有曰党剌朵四，華言迴遮施食也。有曰典朵兒，華言常川施食也。有曰坐静，有曰魯朝，華言獅子吼道場也。有曰黑牙蠻答哥，華言黑獄帝主也。有曰擲思江朵兒麻，華言護（江）〔法〕（據標點本元史二〇二釋老傳改）神施食也。有曰赤思古林擲，華言自受主戒也。有曰鎮雷坐静，有曰吃剌察坐静，華言秘密坐静也。有曰斟惹，華言文殊菩薩也。有曰古林朶四，華言至尊大黑神迴遮施食也。有曰歇白咱剌，華言大喜樂也。有曰必思禪，華言無量壽也。有曰覩思哥兒，華言白傘蓋呪也。有曰（收）〔般〕（據同上書改）札沙剌，華言五護陀羅尼經也。有曰阿昔答撒（答）〔哈〕（據同上書改）昔里，華言八（十）〔千〕頌般若經（據同上書改）也。有曰撒思納屯，華言大理天神呪也。有曰闊兒魯弗卜屯，華言大輪金剛呪也。有曰且八迷屯，華言無量壽經也。有曰亦思羅八，華言最勝王經也。有曰撒思納屯，華言護神呪也。有曰南占屯，華言（懷）〔壞〕（據同上書改）相金剛也。有曰卜魯八，華言呪法也。又有作擦擦者，以泥作小浮屠也。又有作答兒剛者。其作答兒剛者，或一所、二所，以至七所。作擦擦者，或十萬、二十萬，以至三十萬。又嘗造浮屠二百一十有六，實以七寶珠玉，半置海畔，半置水中，以鎮海災。

延祐四年，宣徽使會每歲内庭佛事所供，其費以斤數者，用麪四十三萬九千五百，油七萬九千，酥二萬一千八百七十，蜜二萬七千三百。自至元三十年間，醮祠佛事之日僅百有二，大德七年，再立功德司，遂增至五百有餘。僧徒貪利無已，交結近侍，欺昧奏請，布施莽齋，所需非一，歲費千萬，較之大德，不知幾倍。又每歲必因好事奏釋輕重囚徒，以爲福利，雖大臣如阿里，閫帥如別沙兒等，莫不假是以逭其誅。宣政院參議李良弼受賕鬻官，直以帝師之言縱之。其餘殺人之盜，作奸之徒，夤緣幸免者多。至或取空名宣勅以爲布施而任其人，可謂濫矣。凡此皆有關乎一代之治體者，故今備著焉。若夫天下寺院之領於內外宣政院，曰禪，曰教，曰律，則固各守其業，惟所謂白雲宗、白蓮宗者，亦或頗通奸利云。

元史紀事本末卷十九

武仁授受之際

成宗大德三年（己亥、一二九九）十二月，命懷寧王海山出鎮漠北。海山，帝兄答剌麻八剌之長子，母曰弘吉剌氏，同母弟曰愛育黎拔力八達。

九年（乙巳、一三〇五）六月，立子德壽爲皇太子。

十月，帝不豫，皇后秉政。詔出愛育黎拔力八達與其母弘吉剌氏，出居懷州。

十二月，太子德壽卒。

十年（丙午、一三〇六）十二月，愛育黎拔力八達至懷州。所過郡縣，供帳華侈，悉令撤去，嚴飭扈從毋擾於民，民皆感悅。

十一年（丁未、一三〇七）正月丙（辰）〔寅〕（據標點本元史二一成宗紀改）朔，帝大漸，免朝賀。癸酉，崩於玉德殿。皇后卜魯罕以己嘗謀出愛育黎拔力八達及其母居懷州，至是恐其兄海山立，必報前怨，乃命召安西王入京師，欲立之。左丞相阿忽台，平章（賽典赤）〔八都〕馬辛，

〔賽典赤〕伯顏(據元史二三武宗紀、一一二宰相年表、續綱目、薛鑑及下文改補)及諸王明里帖木兒，陰左右之，謀斷海山歸路，奉皇后垂簾聽政，立安西王輔之。於是阿忽台以祔廟及攝位事，集廷臣議。太常卿田忠良、博士張昇曰：「制，祔廟必書嗣皇帝名，今將何書？」御史中丞何瑋亦執不可。阿忽台變色曰：「制自天降耶？公等不畏死，敢沮大事！」瑋曰：「死畏不義耳。苟死於義，何畏！」議遂寢。

時右丞相哈剌哈孫收百司符印，封府庫，稱疾，守宿掖門，内旨日數至，皆不聽。衆欲害之，未敢發。懷寧王適遣康里脫脫計事京師，哈剌哈孫令亟還報，復遣使南迎愛育黎拔力八達於懷州。使至，愛育黎拔力八達疑未行，其傅李孟曰：「支子不嗣，世祖之典訓也。今宮車晏駕，大太子遠在萬里，殿下當急還宮庭，以安人心。」愛育黎拔力八達乃奉其母行，先遣孟趨哈剌哈孫覘之。適后使問疾哈剌哈孫所，孟入，長揖，引其手診之，衆謂孟醫也，竟不疑。既而知安西之變有日，還報曰：「事急矣，不可不早圖之。」愛育黎拔力八達曰：「當以卜決之。」孟召卜者，謂曰：「大事待爾而決，第云其吉。」及入筮，果吉。孟曰：「筮不違人，是謂大同。」愛育黎拔力八達喜，振袖而起，衆翼之登騎，諸臣皆步從。至漳河，值大風雪，田叟有以盂粥進者，近侍卻不受。愛育黎拔力八達曰：「漢光武嘗爲寇兵所迫，食豆粥。大丈夫不備嘗艱難，罔知稼穡，以致驕惰。」命取食之，賜叟綾一匹，慰遣之。

二月辛亥，愛育黎拔力八達至大都。與母弘吉剌氏入内，哭盡哀，復出舊邸。安西之黨見愛育黎拔力八達既至，遂謀以三月三日僞賀其生辰，因以舉事。哈剌哈孫聞之，夜遣人啓愛育黎拔力八達曰：「懷寧王遠，不能猝至，恐變生不測，當先事而發。」愛育黎拔力八達復遣都萬户囊加歹詣諸王秃剌定計，囊加歹力贊之，乃先二日。三月丙寅，率衛士入内，稱懷寧王遣使召安西計事，至卽并諸王明里帖木兒執之，鞫問詞服，械送上都。收阿忽台、八都馬辛、賽典赤伯顔等，誅之。諸王闊闊出、牙忽都進曰：「今罪人斯得，太子實世祖之孫，宜早正大位。」愛育黎拔力八達曰：「王何爲出此言也。彼奸人潛結宫(闈)〔壼〕（據元史二四仁宗紀、續綱目、薛鑑改），亂我家法，故誅之，豈欲作威福以覬望神器耶？懷寧王吾兄也，宜正大位，已遣使奉璽北迎之矣。」遂自監國，與哈剌哈孫日夜居禁中以備變，俾李孟參知政事。孟損益庶務，裁抑僥倖，羣小多不樂。既而曰：「執政大臣當自天子親用，今鑾輿在道，孟未見顔色，誠不敢冒大任。」固辭弗許，遂逃去，不知所之。

五月乙丑，懷寧王海山至(大)〔上〕都（據元史二二武宗紀、續綱目、薛鑑改）。初，海山聞帝崩，自按台山至和林。諸王、勳戚合詞勸進，王曰：「吾母及弟在大都，俟宗戚畢會議之。」愛育黎拔力八達既平内難，其母弘吉剌妃惑於日者言，欲海山讓位於愛育黎拔力八達。海山聞之，語康里脱脱曰：「我捍邊陲十年，又朏次居長，星命之言，茫然難信。設我卽位後，所爲上合天心，下副民望，則雖一日之短，亦足垂名萬年，何可以陰陽家言而乖祖宗之託哉。此殆用事之臣擅權專殺，恐他日或治其罪，故爲是奸謀耳。汝爲我往察事機，疾歸報我。」乃親帥大軍由西道，諸王按灰由中道，牀兀兒由東道，各以勁卒一萬從，而徘徊不進。脱脱馳至大都，入道海山言，妃愕然曰：「修短之説，雖出術家，爲太子周思遠慮，乃我深愛。今貪慾已除，宗王大臣議已定，太子不速來何爲？汝所致言，殆有讒間，汝歸爲我彌縫之，而趣其來。」先是，妃以海山不至，復遣阿沙不花迎之，備道安西謀變始末，及大弟監國，與諸王羣臣推戴之意。至是脱脱繼往，行至中道，海山與中望見之，趣使同載。脱脱具述妃言，懷寧王大感悟。至是至上都，卽以阿沙不花爲平章政事，遣還報兩宫。愛育黎拔力八達卽侍其母來會於上都。廢皇后伯岳吾氏居東安，殺之。誅安西王阿難答及諸王明里帖木兒。

甲申，懷寧王卽位，詔曰：「昔我太祖皇帝以武功定天下，世祖皇帝以文德洽海内，列聖相承，丕衍無疆之祚。朕自先朝，肅將天威，撫軍朔方，殆將十年，親御甲胄，力戰卻敵者屢矣。方諸蕃内附，邊事以寧，遽聞宫車晏駕。廼有宗室諸王、貴戚元勳相與定策於和林，咸以朕爲世祖曾孫之嫡，裕宗正派之傳，以功以賢，宜膺大寶。朕謙讓未遑，至於再三。還至上都，宗親大臣復請於朕。間者奸臣乘隙，謀爲不軌，賴祖宗之靈，母弟愛育黎拔力八達禀命太后，恭行天罰。內難既平，神器不可久虛，宗祧不可乏嗣，合詞勸進，誠意益堅。朕勉徇輿情，於五月二十(八)〔一〕(據同上書改)日卽皇帝位。任大守重，若涉淵冰，屬嗣服之云初，其與民更始，可大赦天下。」追尊考曰順宗皇帝，尊母弘吉剌氏爲皇太后。加哈剌哈孫、朶兒朶海並太傅，阿沙不花太尉，以塔剌海爲丞相，牀兀兒、乞台普濟、明里不花並平章〔政〕(據同上書補)事。

六月，立弟愛黎育拔力八達爲皇太子，受金寶。

七月，封禿剌爲越王，左遷右丞相哈剌哈孫爲和林左丞相。初，皇太子入定內難，阿忽台有勇力，人莫能近，禿剌實手縛之，以功封越王。哈剌哈孫力爭，以爲舊制非親王不得加一字之封，禿剌疏屬，豈可以一日之功廢萬世之制。帝不聽。禿剌因譖於帝曰：「安西謀干大統時，丞相亦嘗署其牘。」由是罷爲和林行省左丞相。

武宗至大二年(己酉、一三〇九)八月，置太子右衛率府，命右丞相脫虎脫、御史大夫不里牙敦領府事，取河南蒙古軍萬人隸之。詹事王約曰：「左衛率府，舊制有之。今置右府何爲？諸公深思之，不可以累儲宮也。」太子又命取安西兵器給宿衛士，約謂詹事完澤曰：「詹事移文千里取兵器，人必驚疑，主上聞之奈何？」完澤愧曰：「實慮不及此。」家令薛居〔敬〕(據元史一七八王約傳補)言陝西分地五事，命往理之。約不爲署行，語之曰：「太子，潛龍也，當勿用之時，爲飛龍之事，可乎？」遂止。太子喜，諭羣下曰：「事未經王彦博〔議〕（據元史一七八王約傳、續綱目、薛鑑補）者，勿啓。」一日，約方啓事，二宦官侍側，太子問曰：「自古宦官壞人家國，有諸？」對曰：「宦官善惡皆有之，但恐處置失宜耳。」太子深然其言。

三年（庚戌、一三一〇）正月，徵李孟入見，以爲平章政事，同知（樞密）〔徽政〕（據元史二三武宗紀、黄金華集二三李孟行狀改。下同）院事。初，孟既逃去，有譖於帝者曰：「内難初定時，孟嘗勸皇太子自取。」帝弗之信。一日，太子侍宴，忽戚然改容，帝曰：「吾弟何不樂？」太子從容起謝曰：「賴天地祖宗神靈，神器有歸。然成今日母子兄弟之懽者，李道復之功居多。適思之，不自知其變於色也。」帝卽命搜訪之，得於許昌陘山。召見，謂宰臣曰：「此皇祖妣命爲朕賓師者，宜速任之。」至是，乃授中書平章事、集賢大學士，同知（樞密）〔徽政〕院事。

四年（辛亥、一三一一）正月癸酉朔，帝不豫，免朝賀。庚辰，帝崩於玉德殿。

三月庚寅，皇太子卽位，詔曰：「惟昔先帝，事皇太后，撫朕眇躬，孝友天至。由朕得託順考遺體，重以母弟之嫡，加有削平内難之功，於其踐阼曾未踰月，授以皇太子寶，領中書令、樞密（院）〔使〕（據元史二四仁宗紀、薛鑑改），百揆機務，聽所總裁，於今五年。先帝奄棄天下，勳戚元老咸謂，大寶之承既有成命，非與前聖賓天而始徵集宗親議所宜立者比，當稽周、漢、晉、唐故事，正位宸極。朕以國恤方新，誠有未忍，是用經時。今則上奉皇太后勉進之命，下徇諸王勸戴之勤，三月十八日，於大都大明殿卽皇帝位。可大赦天下。」初，帝在東宮，宦者李邦寧乘間言於武宗曰：「陛下富於春秋，皇子漸長。父作子述，古之道也，未聞有子而立弟者。」武宗不悦曰：「朕志已定，汝自往東宮言之。」邦寧慚懼而退。及帝卽位，左右咸請誅之，帝曰：「帝王歷數，自有天命，其言何足介懷。」加邦寧開府儀同三司。

元史紀事本末卷二十

鐵木迭兒之奸

武宗至大三年（庚戌、一三一〇），雲南行省左丞相鐵木迭兒擅離職赴闕，尚書省奏，奉旨詰問。尋以皇太后旨赦之。

仁宗皇慶（元）〔二〕年（癸丑、一三一三）（三）〔二〕（據元史一一二宰相年表、續綱目改）月，中書右丞相鐵木迭兒以病免。先是武宗崩，帝在東宮，以丞相三寶奴等變亂舊章，誅之，用完澤及李孟爲中書平章政事，鋭欲更張政事。而皇太后在興聖宮，已有旨召鐵木迭兒爲中書右丞相，踰月帝卽位，因遂相之。及幸上都，命鐵木迭兒居守大都。至是，以病去職。

延祐元年（甲寅、一三一四）九月，復以鐵木迭兒爲中書右丞相。時右丞相合散自言非世勳族姓，不可獨當國，因舉鐵木迭兒自代，遂拜開府儀同三司，録軍國重事。居數月，復進右丞相，以合散爲左丞相。鐵木迭兒奏言：「往時富民往諸蕃商販，率獲厚利，蕃貨日重。請遣官置綱，以征其貨，私往者没官。」又：「請預買山東、河間運使來歲鹽引及各冶鐵貨以足用。」又：「江南田糧，雖嘗經理，多未核實。可始自江浙，以及江東、西，宜先事嚴限格，令田主自實，仍禁勢豪毋得阻撓。」帝皆從之。尋遣使者分行各省，括田增稅，苛急煩擾，江右爲甚。明年，贛民蔡五九作亂，南方騷動，詔罷其事。五九尋伏誅。

三年（丙辰、一三一六）三月，中書平章政事張珪罷。時帝如上都，皇太后以張珪嘗劾鐵木迭兒不可使爲太師，召珪切責，杖之。珪創甚，輿歸。時珪子景元宿衛左右，以父病篤辭還。帝驚問故，殊不懌，遣使賜珪酒，進拜大司徒。遂謝病歸。

四年（丁巳、一三一七）六月，鐵木迭兒罷，以合散爲右丞相。鐵木迭兒之再入相，恃勢貪虐，兇穢滋甚，中外切齒，羣臣不知所爲。平章政事蕭拜住稍牽制之，中丞楊朶兒只慨然以糾正其罪爲己任。上都富民張弼殺人繫獄，鐵木迭兒使家奴脅留守賀勝使出之，勝不可。朶兒只廉得鐵木迭兒受弼賂鉅萬萬，乃與拜住及勝奏之。而內外御史凡四十餘人，共劾其「桀黠姦貪，欺上罔下。占據晉王田及衞兵牧地，竊食郊廟供祀馬，受諸王人等珍玉之賄動以萬計，誤國之罪，又在阿合馬、桑哥上。四方憤嫉，咸願車裂斬首，以快人心。」奏上，帝震怒。鐵木迭兒懼，逃匿太后宮。朶兒只持之益急，太后召朶兒只責之。帝不忍傷太后意，但罷其相位，而遷朶兒只爲集賢學士。

六年（己未、一三一九）四月，鐵木迭兒復起爲太子太師。中丞趙世延論其不法（數）十〔數〕

（按：元史一八〇趙世延傳稱，世延奏劾帖木迭兒罪惡十有三，今據改）事，併内外臺劾其不可輔導東宮者又四十餘人，帝以太后故，皆不聽。

七年（庚申、一三二〇）正月，帝崩。太后以鐵木迭兒爲中書右丞相。

二月，殺平章蕭拜住、御史中丞楊朵兒只。鐵木迭兒既相，以二人嘗攻其姦惡，必欲報之。遂以太后旨召二人至徽政院，與徽政使失烈門、御史大夫秃秃哈雜問之，罪以違太后旨。朵兒只曰：「中丞之職，恨不卽斬汝以謝天下。果違太后旨，爾豈有今日耶！」鐵木迭兒又引同時御史二人證其罪，朵兒只唾之曰：「汝等備員風憲，爲是狗彘事耶！」坐者皆慚俯首。鐵木迭兒卽起入奏。未幾，傳旨，執二人載諸國門外殺之，並籍其家。是日風沙晦暝，都人洶洶，道路相視以目。後欲奪朵兒只妻劉氏與人，劉翦髮毁容自誓乃免。時鐵木迭兒日思報復讐怨，誅戮不已。左丞張思明謂曰：「山陵甫畢，新君未立，丞相恣行殺戮，人皆謂陰有不臣之心。萬一諸王駙馬疑而不至，奈何？不可不熟慮也。」衆皆危之，鐵木迭兒稍悟，曰：「非左丞言，幾誤吾事。」

三月，太子卽位，鐵木迭兒進開府儀同三司、上柱國、太師。

左遷前中書平章李孟爲集賢侍講學士。鐵木迭兒以孟初不附己，欲因其不就陰中之，孟拜命欣然。帝謂鐵木迭兒子八爾吉思曰：「爾輩謂孟不肯爲是官，今何如？」由是無敢言。

五月，殺上都留守賀伯顔。鐵木迭兒怨伯顔嘗發張弼之獄，乃奏其使服迎詔爲不敬，殺之，籍其家。

八月，下四川平章政事趙世延獄。初，世延既解中丞，出爲四川平章。鐵木迭兒猶以世延劾其姦誣，怨之不已，屬其黨誘世延從弟胥益兒哈呼誣告之，逮世延置對。既遇赦，猶鍛鍊成獄，請置極典，并究省、臺諸臣。帝不允，謂近侍曰：「頃鐵木迭兒必欲置趙世延於死地，朕素聞其忠良，故每奏不納。」左右咸稱萬歲。

英宗至治二年（壬戌、一三二二）八月，鐵木迭兒死。鐵木迭兒自復相以來，恃其權寵，乘間肆毒，睚眦之私，無有不報。帝覺其所譖毀者皆先帝舊人，滋不悦其所爲，乃任左丞相拜住，委以心腹。由是鐵木迭兒漸見疎外，因稱疾不出。及聞拜住奉旨往立其祖安童碑於范陽，將復涖省事。入朝，至内〔門〕（據元史一三六拜住傳、續綱目補）。帝聞其來，遣人止之，遂快快而死。

三年（癸亥、一三二三）五月，監察御史蓋繼元、宋翼言：「鐵木迭兒奸貪負國，生逃顯戮，死有餘辜。」乃命拆毁所立碑，并追奪官爵，籍没其家。

元史紀事本末卷二十一

晉邸之立

英宗至治三年（癸亥、一三二三）八月，御史大夫鐵失弑帝於南坡，及右丞相拜住。初，鐵木迭兒既奪爵籍產，鐵失等以奸黨不自安。帝在上都，夜寐不寧，命作佛事，拜住以國用不足諫止之。既而懼誅者復陰誘羣僧，言國當有厄，非作佛事大赦無以禳之。拜住叱曰：「爾輩不過圖得金帛而已，又欲庇（而）〔有〕（據元史一三六拜住傳、續綱目、薛鑑改）罪耶！」奸黨聞之益懼，乃生異謀。至是，帝自上都南還，駐蹕南坡。是夕，鐵失與知樞密院事也先鐵木兒、諸王按梯不花等謀逆，以鐵失所領阿速衛兵爲外應。鐵失先與前平章政事赤斤鐵木兒殺右丞相拜住，而鐵失直犯禁幄，手弑帝於臥所，時年二十一。

帝性剛明，嘗以地震避殿、徹樂、減膳，近臣有稱觴賀者，叱曰：「朕方修德不暇，汝爲大臣，不能匡輔，反爲諂耶！」拜住進曰：「咎在臣等，宜求賢自代。」帝曰：「無多遜，朕之過也。」嘗謂宰執曰：「中書選人，署事〔未〕（據元史二八英宗紀補）旬日，御史臺即改除之。臺除者，中書亦然。今山林儒逸良多，卿等不能盡心求訪，惟以親戚故舊更相引用耶！」其明斷多類此。然以果於刑戮，奸黨畏誅，遂搆大變云。

諸王按梯不花及也先鐵木兒奉璽綬迎晉王也孫鐵木兒於北邊。也孫鐵木兒者，裕宗之孫，晉王甘麻剌長子也，襲封晉王，仍鎮北邊。初，王府內史倒剌沙得幸於王，嘗偵伺朝廷事機，以其子哈散事丞相拜住，得入宿衞。久之，哈散知鐵失欲傾害拜住，遂脱歸。是年三月，宣徽使探忒來王邸，爲倒剌沙言主上將不利於晉王，由此二人深相要結。八月二日，鐵失密遣斡羅思來告曰：「我與哈散、也先鐵木兒、失秃兒謀已定，事成推立王爲皇帝。」又以告倒剌沙曰：「爾與馬速忽知之，勿令旭邁傑得聞也。」於是王命囚斡羅思，遣别列迷失赴上都，以密謀告變。未至，帝遇弑，於是諸王按梯不花及也先鐵木兒奉皇帝璽綬來迎。

九月，晉王卽皇帝位於龍居河，大赦天下，以也先鐵木兒爲右丞相，倒剌沙爲中書平章政事，鐵失知樞密院事。時諸王買奴言於帝曰：「不誅元凶，則陛下善名不著，天下後世何由而知陛下心。」帝深然之。

十月，遣使至大都，以卽位告天地、宗廟、社稷。誅逆賊也先鐵木兒、完者、秃滿等於行在所。以旭邁傑爲中書右丞相，紐澤爲御史大夫，遣入京師，收鐵失及其黨赤斤鐵木兒等，悉誅之，戮其子孫，籍没家産。惟鐵木迭兒子鎖南議遠流，張珪曰：「鎖南從逆賊，親斫丞相拜住臂，乃欲活之耶？」

十一月，帝至大都。

十二月御史臺經歷朶兒只班，御史撒兒塔罕、兀都蠻、郭也先忽都，並坐黨鐵失免官。於是監察御史趙成慶等言：「鐵木迭兒在先朝，包藏禍心，離間親藩，誅戮大臣，使先帝孤立，卒罹大禍。其子鎖南，親與逆謀，久(逃)〔逭〕(據元史二九泰定帝紀、薛鑑改)天憲，乞正其罪，以快元元之心。月魯、秃秃哈、(散)〔速〕敦(據同上書改)等，皆鐵失之黨，不宜寬宥。」遂並伏誅。流諸王月魯鐵木兒於雲南，按梯不花於海南，曲吕不花於奴兒干，孛羅、兀魯思不花於海島，並坐與鐵失逆謀。

時旭邁傑等言：「南坡之變，諸王買奴逃匿潛邸，願效死力，且請誅戮元凶，上契宸衷，嘗蒙奬諭。今臣等議，宗戚之中，能自拔逆黨盡忠朝廷者，惟有買奴。請加封賞，以示激勸。」遂以泰寧縣(三)〔五〕(據元史二九泰定帝紀、續綱目改)千户封買奴爲泰寧王。

議討逆功，以倒刺沙爲左丞相，〔馬某沙〕(據元史二九泰定帝紀、續綱目、薛鑑補)、紐澤、鎖秃並加光禄大夫，賜旭邁傑等金有差。

詔改明年元爲泰定。

元史紀事本末卷二十二

三帝之立 明宗 文宗 順帝

仁宗延祐二年（乙卯、一三一五）十二月，立武宗子和世㻋爲周王，出鎮雲南。初，武宗既立帝爲太子，後丞相三寶奴復勸立和世㻋，召康里脱脱言之。脱脱曰：「太弟定宗社，居東宫已久，兄弟叔姪世世相承，孰敢紊其序乎。」三寶奴曰：「今日兄已授弟，異日能保叔授其姪乎？」脱脱曰：「在我不可渝，彼失其信，天實鑒之。」至是，議立太子，鐵木迭兒欲固位取寵，乃請立皇子碩德八剌。又與太后幸臣失列門譖和世㻋於兩宫，遂封爲周王，遣出鎮雲南。

三年（丙辰、一三一六）三月，置周王常侍府官屬，以秃忽魯、斡耳朶、尚家奴、孛羅、教化等爲之。

十一月，周王和世㻋次延安，其臣秃忽魯、尚家奴及武宗舊臣釐日、沙不丁、哈八兒秃等皆來會。教化謀曰：「天下者，我武宗之天下也。王之出鎮，本非上意，由左右讒搆致然。

請以其故白行省，俾聞之朝廷，庶可杜塞離間。不然，事變叵測。」遂與數騎馳去。先是，阿思罕爲太師，鐵木迭兒奪其位，出之爲陝西行省丞相。及教化等至，即與平章政事塔察兒、行臺御史大夫脱里伯、中丞脱歡，悉發關中兵，分道自河中府入。已而塔察兒、脱歡襲殺阿思罕、教化於河中，和世㻋遂西行，至北邊金山。西北諸王察阿台等聞和世㻋至，咸率衆來附。和世㻋至其部，與定約束，每歲冬居扎顔，夏居斡羅斡察山，春則命從者耕於野泥。十餘年間，邊境寧謐。

英宗至治元年（辛酉、一三二一）五月，遷武宗第二子圖帖睦爾於瓊州。時右丞相鐵木迭兒懷私固寵，搆釁骨肉，諸王大臣莫不自危。中政使咬住告脱歡察兒等交通親王，於是徙圖帖睦爾居海南，因禁日者毋交通諸王駙馬，掌陰陽五科者毋泄占候。

泰定帝泰定元年（甲子、一三二四）正月，召圖帖睦爾於瓊州。

十月，封圖帖睦爾爲懷王，居建康。

致和元年（戊辰、一三二八）——九月，文宗天歷元年——三月，徙懷王圖帖睦爾於江陵。

七月，帝崩於上都，年三十六，葬起輦谷，稱爲泰定帝。

王禕曰：武宗以兄弟相及，約繼世子孫迭居大位。而仁宗惑於憸言，不守宿諾，傳位英宗，仍使武宗二子明宗、文宗出居於外。及英宗遇弑，而明宗在北，文宗在南，晋邸乘間入繼大統。或謂晉邸非所宜立。雖然，晉王於世祖，孫也，於次爲長，雖守藩服，嘗有盟書，今而國統之弗繼，則求所當立者，舍晉王之系，將誰屬耶？然則謂晉邸非所宜立者亦過也。舊傳英宗之弑，晉邸與聞乎，故其歿不舉請謚升祔之典，明其爲賊也。然考之實録，皆不得其實，傳聞之謬，烏可信哉。

初，帝由晉邸立，而和世㻋兄弟以武宗子播越南北，人心念之。僉樞密院事燕帖木兒，自以身受武宗寵拔之恩，謀欲立其二子，乘帝有疾，與諸王滿禿等陰圖其事。至是帝崩，皇后、皇太子遣使詣大都，命平章政事烏伯都剌收掌百司印章，及諭安百姓。

八月甲午，百官集興聖宮，燕帖木兒率阿剌鐵木兒、孛倫赤等十七人，兵皆露刃，號於衆曰：「武宗皇帝有子二人，天下正統當歸之。敢有不順者死！」遂手縛平章烏伯都剌、伯顏察兒，分命勇士執中書左丞朶朶，參政王士熙，參議脱脱、吳秉道，侍御史鐵木哥、丘世傑，太子詹事丞王桓等，皆下獄。燕帖木兒與西安王阿剌忒納失里共守内庭，推前湖廣行省左丞相別不花爲中書左丞相，詹事塔失海牙爲中書平章，速速爲左丞，王不憐吉台爲樞密副使，與中書右丞趙世延等分典庶務。調兵守禦關隘，徵諸衛兵屯京師，下郡縣造兵器，出府庫犒軍士。燕帖木兒直宿禁中，達旦不寐，一夕再徙，人莫知其處。是時周王和世㻋遠在沙漠，猝未能至，慮生他變，乃遣前河南參政明里董阿迎懷王圖帖睦爾於江陵，密以意諭河南行省平章伯顏，令簡兵以備扈從。且令塔失帖木兒矯爲南使，言懷王已次近郊，使民無驚疑。

己亥，明里董阿至汴梁，與伯顏合謀，執行省臣，皆下之獄。

癸卯，伯顏殺平章曲烈及右丞別鐵木兒。是日，明里董阿等至江陵。甲辰，懷王發江陵，遣使召鎮南、威順、高昌諸王來會。執湖廣行省左丞馬合謀送京師，以別薛代之。河南行省出府庫金銀鈔錠分給官吏將士，又命有司造乘輿供張儀仗等物，平章伯顏勒兵以俟。參政脱孛臺獨曰：「今蒙古軍與宿衞之士俱在上都，而令探馬赤軍守諸隘，吾恐此事之不可成也。」是夜，脱孛臺將手刃殺伯顏，伯顏覺，遂拔劍殺脱孛臺，而奪其所部軍器馬匹。

丁未，燕帖木兒遣其弟撒敦守居庸關，〔子〕（據元史一三八燕鐵木兒傳補）唐其勢屯古北口。戊申，燕帖木兒又令乃馬台矯爲使者北來，言周王亦整兵南行，聞者皆悦。懷王命伯顏爲河南行省左丞相，遣孛羅等將兵守潼關。

己酉，丞相倒剌沙殺諸王滿秃於上都。滿秃時與阿馬剌台、宗正札魯忽赤闊闊出、平章買閭、集賢學士兀魯思不花、太常禮儀院使哈海赤等十八人，同附燕帖木兒，事覺被殺。

庚戌，懷王至汴梁，伯顏等扈從北行。以前翰林學士阿不海牙爲河南行省平章事。辛亥，以燕帖木兒知樞密院事。

壬子，脱脱木兒帥其軍自上都來歸，即命守古北口。

癸丑，上都諸王以兵分道攻大都。

乙卯，脱脱木爾及上都諸王失剌、平章乃馬台、詹事欽察戰於宜興，斬欽察於陣；擒乃馬台，送京師戮之；失剌敗走。

丁巳，懷王入京師，居大内。

以明里董阿、闊闊台、速速並爲平章政事，曹立爲右丞，伯顔爲御史大夫，趙世延爲御史中丞，高昌王鐵木兒補化知樞密院事。

己未，上都梁王王禪、右丞相塔失鐵木兒、太尉不花、平章政事買閭、御史大夫紐澤等兵次榆林。隆鎮衞指揮〔使〕（據元史三二文宗紀補。下同）黑漢謀附上都，坐棄市。

是月，倒剌沙立泰定帝子阿（速）〔剌〕吉八（據本書下文改。按：元史一〇七宗室世系表作阿里吉八）爲帝於上都，年九歲，改元天順。

九月庚申朔，燕帖木兒督師居庸關，遣撒都以兵襲上都兵於榆林，擊敗之，追至懷來而還。隆鎮衞指揮〔使〕斡都蠻以兵襲上都諸王滅里帖木兒、脱木赤於陀羅臺，執之歸於京師。

壬戌，懷王遣使祭五嶽、四瀆。命速速宣諭中外曰：「昔在世祖，以及列聖臨御，咸命中書省綱維百司，總裁庶政，凡錢穀、銓選、刑罰、興造，罔不司之。自今除樞密院、御史臺，其餘諸司及左右近侍，敢有隔越中書奏語者，以違制論。監察御史其糾言之。」賜上都將士來歸者鈔，各有差。召燕帖木兒赴闕。

上都諸王也先帖木兒等自遼東以兵入遷民鎮。

丁卯，燕帖木兒率諸王大臣，請懷王早正大位，以安天下。王以兄周王和世㻋在漠北，欲虛位俟之。燕帖木兒曰：「人心向背之機，間不容髮，一或失之，噬臍無及。」王曰：「必不得已，當明吾志，播告天下。」

己巳，上都諸王忽剌台等引兵入崞州。

遣撒敦拒遼東兵於薊州東(流)沙〔流〕河（據元史一三八燕鐵木兒傳改）。阿兀剌守居庸關。以也速台兒知行樞密院事，將兵行視太行諸關，西擊河中、潼關軍。

辛未，殺烏伯都剌，流朵朵、王士熙、伯顏察兒、脱歡等於遠州，並籍其家。

壬申，懷王即皇帝位於大都，詔曰：「洪惟我太祖皇帝〔肇造區夏，世祖皇帝〕（據元文類九即位改元詔補）混一海宇，爰立定制，以一統緒，宗親各受分地，勿敢妄生覬覦，此不易之成規，萬世所共守者也。世祖之後，成宗、武宗、仁宗、英宗，以公天下之心，以次相傳，宗王貴戚，咸遵祖訓。至於晉邸，具有盟書，願守藩服，而與賊臣鐵失、也先鐵木兒等潛通陰謀，冒干寶位，使英宗不幸罹於大故。朕兄弟播越南北，備歷艱險，臨御之事，豈獲與聞？朕以叔父之故，順承惟謹，於今六年，災異迭見。權臣倒剌沙、烏伯都剌等，專權自用，疎遠勳舊，廢棄忠良，變亂祖宗法度，空府庫以私其黨類，大行上賓，利於立幼，顯操國柄，用成其姦。宗王大臣以宗社之重，統緒之正，協謀推戴，屬於眇躬。朕以菲德，宜俟大兄，固讓再三。百僚耆老以爲神器不可以久虛，天下不可以無主，周王遼隔朔漠，民庶遑遑，已及三月，誠懇迫切。朕姑從其請，謹俟大兄之至，以遂朕固讓之心，已於致和元年九月十三日，即皇帝位於大明殿。其以致和元年爲天歷元年，可大赦天下。於戲！朕豈有意於天下哉，重念祖宗開創之艱，恐隳大業，是以勉徇輿情。尚賴爾中外文武臣僚，協心相與，輯寧億兆，以成治功。咨爾多方，體予至意。」

癸酉，封燕帖木兒爲太平王。

乙亥，上都王禪兵襲破居庸關，將士皆潰。燕帖木兒軍次三河。

丙子，王禪游兵至大口，燕帖木兒還軍次榆河，帝出齊化門視師。

丁丑，燕帖木兒來見曰：「乘輿一出，民心必驚。軍旅之事，臣請以身任之。」帝即日還宮。

（戊寅）〔己卯〕（據元史一三八燕鐵木兒傳改），燕帖木兒與王禪前軍戰於榆河，敗之，追奔紅橋北。其樞密副使阿（敕）〔剌〕帖木兒（據元史三二文宗紀、一三八燕鐵木兒傳改）、指揮使忽都帖木兒復以兵會王禪來戰，又敗之。

辛巳，燕帖木兒與上都軍大戰於白浮之野，敗之。明日大霧，王禪等遁崑山，收集散亡，復來戰。燕帖木兒列陣白浮西，敵不敢犯。至夜，撒敦、脱脱木兒前後夾攻，敗走之，追及於昌平北，斬首數千級，降者萬餘人。帝遣使諭燕帖木兒曰：「丞相每臨陣，躬冒矢石，脱有不虞，奈何？自今第以大將旗鼓督戰可也。」燕帖木兒對曰：「凡戰，臣必以身先之，敢後者論以軍法。若委之諸將，萬一失利，悔將何及！」

乙酉，上都兵入古北口，將士皆潰，其知樞密院竹温台以兵掠石槽。燕帖木兒先遣撒敦倍道趣石槽，掩其不備擊之，自將大軍繼其後，轉戰四十餘里，至牛頭山。擒駙馬孛羅帖木兒、（政事）〔平章〕（據同上書改）蒙古塔失、〔雅失〕帖木兒（據同上書補）等，殺之，將校降者萬人，餘軍奔竄，夜遣撒敦出古北口逐之。脱脱木兒與遼東兵戰薊州南，殺獲無算。

丁亥，遼東軍抵京城，燕帖木兒引兵拒之，令京城召募壯丁，乘城拒守。

戊子，上都諸王忽剌台等兵入紫荆關，將士皆潰。陝西行臺御史大夫也先帖木兒〔引〕（據元史三二文宗紀補）兵從大慶關渡河，擒河中府官，殺之。萬户徹里帖木兒軍潰而遁，河東官吏皆棄城走。

十月己丑，燕帖木兒引兵至通州，擊遼東軍，敗之。遣脱脱木兒將兵四千，西援紫荆關。

癸巳，上都諸王忽剌台游兵進逼南城。燕帖木兒及(湯)〔陽〕翟王（據元史三二文宗紀、一三八燕鐵木兒傳改）太平、國王朵羅台等戰於檀子山之棗林，殺太平，死者蔽野，餘皆宵遁。

乙未，燕帖木兒等帥軍循北山而西，趣良鄉。時諸將與忽剌台、阿剌帖木兒等戰於盧溝橋，聲言燕帖木兒大軍至，敵兵皆遁。

丙申，中書省臣言：「上都諸王大臣不思祖宗成憲，惑於倒剌沙之言，輒以兵犯京畿。賴陛下神武，王禪遂致潰亡，生擒諸王孛羅帖木兒，及諸用事臣蒙古塔失等。既已明正典刑，宜傳首四方以示衆。」從之。

戊戌，諸將追阿剌帖木兒等至紫荆關，獲之，送京師，皆棄市。

己亥，秃滿迭兒軍復入古北口，燕帖木兒引兵禦之，大戰於檀州南，敗之，秃滿迭兒走還遼東。

辛丑，齊王月魯帖木兒、蒙古元帥不花等以兵圍上都，倒剌沙等奉皇帝璽出降。梁王王禪遁，遼王脱脱爲齊王月魯帖木兒所殺，遂收上都諸王符印。阿剌吉八不知所終。

丘濬曰：泰定帝乃裕宗之嫡孫，甘麻剌之長子，於屬爲宗子，非不當立也。英宗爲鐵失所弑，諸王迎立之，初不與其謀。武宗二子，次雖當立，然既爲英宗所據，則非其有矣。泰定初立之年，即立阿剌吉八爲太子，至是五年，名分已定。圖帖睦爾遣兵攻之，以致於死地。史不明言其所以致死之繇，然所以致之死地者，圖帖睦爾也。律以春秋趙盾之法，非弑而何？

丁未，陝西兵至鞏縣黑石渡，遂據虎牢，復入武關。

庚戌，帝御興聖殿，諸王大臣奉上皇帝寶。分遣使者檄行省、内郡罷兵。

甲寅，元帥也速苔兒執湘寧王八剌失里送京師。初，八剌失里及趙王馬札罕、諸王忽剌台，承上都之命，各起所部兵，南侵冀寧，還次馬邑，至是被執。

十一月辛酉，也先揑兵至武安，也先鐵木兒以軍降。

甲子，陝西兵進逼汴梁，聞朝廷傳檄罷兵，乃解去。

甲戌，遷泰定后雍吉剌氏於（安）東〔安〕州（據元史三二文宗紀、續綱目改）。

庚辰，遣使奉迎周王和世㻋於漠北。

癸未，倒剌沙、王禪、馬某沙、紐澤、撒的迷失、也先鐵木兒等俱棄市。

十二月甲寅，復遣治書侍御史撒迪等迎周王。時諸王皆勸周王南（遷）〔還〕（據元史三一明宗紀、續綱目、薛鑑改）京師，周王遂發北邊。諸王察阿台、元帥朶列揑等咸率師扈行，舊臣孛羅、尚家奴、哈八兒禿皆從。至金山嶺北，命孛羅如京師。

二年(己巳、一三二九)正月庚申,遣前翰林學士承旨不答失里北還周王行在所,仍命太府太監沙班刺奉金幣以往。

乙丑,復遣中書左丞躍里帖木兒迎周王。

壬午,周王遣孛羅至京師。

乙酉,撒迪等見周王於行幄,勸進。

丙戌,周王即皇帝位於和寧之北。遣撒迪還京師,命之曰:「朕弟曩嘗觀書史,邇者得無廢乎?聽政之暇,宜親賢士大夫,講論史籍,以知古今治亂得失。卿等至京師,當以朕意諭之。」舊臣及兩宮之人聞北使至,皆歡呼曰:「吾天子真自北來矣!」争先迎謁,所至成聚。

二月辛卯,立妃弘吉剌氏爲皇后。

辛丑,追尊周王母亦乞烈氏、母唐兀氏並爲皇后。

辛亥,帝勅羣臣曰:「撒迪還言,大兄已即皇帝位。凡二月二十一日以前除官者,速與制勅,後凡銓選,其詣大兄行在以聞。」

三月辛酉,帝遣燕帖木兒奉皇帝寶於行在所。

四月癸巳,燕帖木兒見於行在所。行在嘉其功,拜爲太師,復諭之曰:「凡京師百官,朕弟所用者,並仍舊,其諭以朕意。」燕帖木兒因奏:「陛下君臨萬方,國家大事所繫者,中書省

（臣）（據元史三一明宗紀删）、樞密院、御史臺而已，宜擇人居之。」遂以武宗舊人哈八兒秃爲中書平章政事，伯帖木兒知樞密院事，孛羅爲御史大夫。

甲午，立行樞密院，命昭武王〔火沙〕知院事，（火沙）（據同上書改）賽帖木兒、買奴同知院事。是日，宴諸王大臣於行殿，因諭臺臣曰：「太祖有訓，美色名馬，人皆悦之，然方寸一有係累，即能壞名敗德。卿等居風紀之司，亦嘗念及此乎？世祖初立御史臺，首命塔察兒、奔帖傑兒二人協司其政。天下國家，譬如一人之身，中書則右手也，樞密則左手也。左右手有疾，治之以良醫，省、院闕失，不以御史臺治之，可乎？凡諸王百司違法越禮，一切舉劾，風紀重則貪墨懼，猶斧斤重則入木深，其勢然也。朕有闕失，卿等亦宜以聞，朕不爾責。」

癸卯，行在遣使立帝爲皇太子。

己未，皇太子遣翰林學士承旨阿璘帖木兒覲於行在。

乙亥，行在敕大都省臣鑄皇太子寶。時求故太子寶，不知所在，乃命更鑄之。

丁丑，皇太子發京師，北迎行在。

六月丁亥，行在次坤都也不剌，遣近侍別不花至京師。

庚戌，皇太子次於上都之六十〔里〕店（據元史本證六補）。

辛亥，行在次哈兒哈納秃。詔諭中書省臣：「凡國家錢穀、銓選諸大政事，先啓皇太子，然後以聞。」

八月乙酉，行在次於王忽察都。丙戌，皇太子入見。是日，行在宴皇太子及諸王大臣於行殿。

庚寅，帝暴崩於行在。皇太子入臨，哭盡哀。燕帖木兒以行在皇后之命，奉皇帝寶授於皇太子。

胡粹中曰：聞之故老言，燕帖木兒奉上璽綬，明宗從官有不爲之禮者，燕帖木兒且怒且懼。既而帝暴崩。燕帖木兒聞哭聲，即奔入帳中，取寶璽，扶文宗上馬南馳。本史乃言皇太子入哭盡哀，燕帖木兒以皇后命，奉皇帝寶授於太子，其說不合。豈當時忌諱，有不敢明言者歟？

癸巳，皇太子至上都。己亥，皇太子復即位於上都，大赦天下。以伯顏爲左丞相，欽察台、阿兒思蘭海牙、趙世延並爲平章政事，朶兒〔只〕（據元史三三文宗紀、續綱目、薛鑑補）爲右丞，阿榮、趙世安並參知政事，塔失鐵木兒知樞密院，鐵木兒補化、鐵木兒脱並御史大夫。

九月丁巳，帝還大都。

十月丙申，上大行皇帝尊謚，廟號明宗。

至順元年（庚午、一三三〇）三月，封皇子阿剌忒納答剌爲燕王。

四月，皇后弘吉剌氏殺明宗皇后八不沙。

五月，廢明宗子妥懽帖睦爾。時帝將立其子阿剌忒納答剌爲皇太子，乃以妥懽帖睦爾乳母夫言，明宗在日，素謂太子非其子，黜之江南，驛召翰林學士阿璘帖木兒、奎（文）〔章〕閣（據元史一八一虞集傳、薛鑑改）大學士忽都魯篤彌實書其事於脱卜赤顏。又召虞集使書詔，播告中外。

十二月，立燕王阿剌忒納答剌爲皇太子。

二年（辛未、一三三一）正月，皇太子阿剌忒納答剌卒。

八月，詔（太）〔皇〕（據元史三五文宗紀、續綱目、薛鑑改）子古（剌）〔納〕答（納）〔剌〕（據元史三五文宗紀改）出居燕帖木兒家。

十一月，詔養燕帖木兒之子塔剌海爲子。

三年（壬申、一三三二）八月，帝崩於上都，廟號文宗。

十月庚子，鄜王懿璘質班即皇帝位。王，明宗第二子也。帝始崩時，燕帖木兒請皇后立皇子燕帖古思，（按：古納答剌於三月癸巳更名爲燕帖古思，本書失於記載。）后不從，命立鄜王，時年甫七歲，百司庶務，咸啓皇后取進止。

十一月戊寅，尊皇后爲皇太后。

壬辰，鄜王懿，廟號寧宗。

皇太后遣右丞闊里吉思迎妥懽帖睦爾於静江。初，妥懽帖睦爾既廢，徙高麗，使居大青島，後又徙静江。至是，鄜王懿，燕帖木兒復請立燕帖古思，皇太后曰：「吾子尚幼，妥懽帖睦爾在廣西，今年十三矣，且明宗長子，於理當立。」乃遣闊里吉思往迎之。

四年（癸酉、一三三三）——順帝元統元年——三月，燕帖木兒死。燕帖木兒自秉權以來，肆行無忌，一宴或宰十三馬，取泰定后爲夫人，前後尚宗室女四十人，有交禮三日遽遣歸者。後房充斥，不能盡識，一日宴趙世延宅，男女列坐，見坐隅一婦甚麗，意欲與俱歸，顧左右曰：「此爲誰？」對曰：「太師家人也。」自後荒淫日甚，體羸溺血而死。

六月己巳，妥懽帖睦爾即皇帝位於上都。初，帝自廣西迎至，百官具鹵簿迎於良鄉。燕帖木兒既見，並馬徐行，具陳迎立之意，帝畏之，一無所答。燕帖木兒疑其意不可測，故至京久不得立。適太史亦言其立則天下亂，用是議未能決，遷延者數月。至是，燕帖木兒死，皇太后乃與大臣定議立之，且約後當傳與燕帖古思，若武宗、仁宗故事。

七月，立燕帖木兒女伯牙吾氏爲皇后。

八月，奎章閣侍書學士虞集謝病歸。帝之將立也，召諸老臣赴上都議，集亦預焉。中丞馬祖常使人告集曰：「御史有言矣。」蓋以文宗嘗命集書詔言帝非明宗子，故祖常以此諷集使去，集乃謝病歸。集既去，侍臣有以舊詔言者，帝不懌曰：「此我家事，豈由彼書生耶。」不問。

後至元元年（乙亥、一三三五）六月，左丞相唐其勢伏誅，遂殺皇后伯牙吾氏。唐其勢，燕帖木兒子也。時右丞相伯顏獨秉政，唐其勢忿曰：「天下本我家天下，伯顏何人而位吾上。」遂與其叔父句容郡王答鄰答里潛蓄異心，謀立宗王（晃）〔晃〕火帖木兒（據元史三八順帝紀、續綱目、薛鑑改。下同）。帝數召答鄰答里不至，郯王（撒撒）〔徹徹〕禿（據元史一三八唐其勢傳、一〇八諸王表改）發其謀。唐其勢伏兵東郊，率勇士突入宮，伯顏及完者帖木兒等掩捕獲之，併殺其弟答剌海。時答剌海走匿皇后座下，后蔽以衣，左右曳出斬之，血濺后衣。伯顏使人併執后，后呼帝曰：「陛下救我！」帝曰：「汝兄弟爲逆，豈能相救。」乃遷后出宮，伯顏殺之於開平民舍。（晃）〔晃〕火帖木兒亦自殺。詔曰：「曩者文宗皇帝以燕帖木兒嘗有勞伐，父子兄弟顯列朝廷，而輒造事釁，出朕遠方。文皇尋悟其妄，有旨傳次於朕。燕帖木兒貪利幼弱，復立朕弟懿璘質班，不幸崩殂。今丞相伯顏追奉遺詔，迎朕於南。既至大都，燕帖木兒猶懷兩端，遷延數月，天殞厥躬。伯顏等同辭翊戴，乃正宸極。後撒敦、答里、唐其勢等相襲用事，交通宗王（晃）〔晃〕火帖木兒，圖危社稷，阿察赤亦嘗與謀。賴伯顏等以次掩捕，明正其罪。元兇搆難，貽我皇太后震驚，朕用兢惕。永惟皇太后後其所生之子，一以至公爲心，親挈大寶，俾予兄弟。迹其定策兩朝，功德隆盛，近古罕比。雖嘗奉上尊號，揆之朕心，猶未爲盡，已命大臣特議加禮。伯顏爲武宗捍禦北邊，翊戴文皇，茲又克清大慦，明勑國憲，爰賜答剌罕之號，至於子孫，世世永賴。可大赦天下。」

八月，尊皇太后爲太皇太后。

六年（庚辰、一三四〇）六月，詔廢文宗廟主，遷太皇太后弘吉剌氏於東安州安置，放燕帖古思於高麗。詔曰：「昔武宗升遐，太后惑於儉慝，俾皇考出封雲南。英宗遇害，我皇考以武宗之嫡，（遠）〔逃〕（據元史四〇順帝紀、續綱目、薛鑑改）居沙漠，（親）〔宗〕（據同上書改）王大臣，同心翊戴。於時以地近先迎文宗，暫總機務。繼知天理人倫所在，假讓位之名，以寶璽來上。皇考推誠不疑，即立爲皇太子。文宗當躬迓之際，乃與其臣月魯不花、也里牙、明里董阿等謀爲不軌，使我皇考飲恨上賓，歸而再御宸極。又私圖傳子，乃搆邪言，嫁禍於八不沙皇后，謂朕非明宗之子，遂俾出居遐陬。内懷愧慊，則殺也里牙以杜口。上天不祐，（遂）〔隨〕（據同上書改）降殞罰。叔嬸不答失里怙其勢燄，不立明考之冢嗣，而立（幼）〔孺〕（據同上書改）稚之弟懿璘質班，奄復不年。諸王大臣，以賢以長，扶朕踐祚。賴天之靈，權奸屏黜。永惟鞠育罔極之恩，忍忘不共戴天之義。其命太常撤去圖帖睦爾在廟之主，不答失里削去太皇太后之號，徙東安州安置，燕帖古思放諸高麗。當時誠至月魯不花、也里牙已死，其以明里董阿等明正典刑。」時監察御史崔敬言：「文皇獲不軌之愆，已撤廟祀，叔母有階禍之罪，亦削鴻名，盡孝正名，斯亦足矣。惟念皇弟燕帖古思，年方在幼，罹此播遷，天理人情，有所不忍。方明皇上賓，皇弟(方)〔尚〕（據續綱目、薛鑑改）在襁褓，未有知識，義當矜憫。伏望陛下迎歸太后母子，以盡骨肉之義。」不報。未幾，太后殂於東安州，燕帖古思遇害於中道。

元史紀事本末卷二十三

脱脱之貶 哈麻附

順帝至元六年（庚辰、一三四〇）二月，黜中書大丞相伯顏爲河南行省左丞相。伯顏既誅唐其勢，獨秉國鈞，遂專權自恣，變亂成憲，虐害天下，漸有異謀，帝患之。伯顏欲以所養弟之子脱脱宿衛，偵帝起居，懼涉物議，乃以知樞密院汪家奴、翰林學士承旨沙剌班同侍禁近，實屬意脱脱。脱脱政令日修，衛士拱聽約束。伯顏自領諸衛精兵，以燕者不花爲屏蔽，導從之盛，填溢街衢，而帝儀衛反落落如晨星，勢燄熏灼，天下之人知有伯顏而已。脱脱深憂之，私請於父馬札兒台曰：「伯父驕縱已甚，萬一天子震怒，則吾族赤矣。曷若於未敗圖之。」其父亦以爲然。脱脱復質於師吳直方，直方曰：「大義滅親。大夫但知忠於國耳，餘復何顧焉。」一日見帝，乘間自陳忘家徇國之意，帝猶未之信。時帝前後左右皆伯顏之黨，獨世傑班、阿魯爲帝腹心，乃遣二人與脱脱遊，日以忠義之言相與往復論辯，益悉其心靡他，遂聞於帝，帝始信之無疑。及伯顏搆陷郯王徹徹篤，奏賜死，帝未允，輒殺之；又擅貶宣讓、威順二王，帝不勝其忿，決意逐之。一日，泣語脱脱，脱脱亦泣下。歸復與直方謀，直方曰：「此大事，議論之際，左右爲誰？」曰：「阿魯及脱脱木兒。」直方曰：「子之伯父，挾震主之威，此輩苟利富貴，其語一洩，則主危身戮矣。」脱脱乃延二人於家，置酒張樂，晝夜不令出。遂與世傑班等謀，欲俟伯顏入朝擒之。戒衞士嚴宫門出入，螭坳皆爲置兵。伯顏見之大驚，召脱脱責之。對曰：「天子所居，防禦不得不爾。」然遂疑脱脱，亦增兵自衞。至是，伯顏以所領衞兵請帝出田，脱脱勸帝稱疾不往。伯顏固請，乃命太子燕帖古思出次柳林。脱脱遂與阿魯等合謀，悉拘京城門鑰，命所親信列布城門下。是夜，奉帝居玉德殿，召省、院大臣先後入見，出五門聽命。夜二鼓，遣怯薛月可察兒率三十騎抵營中，取太子入城。又召楊瑀、范匯入草詔，數伯顏罪狀，出爲河南行省左丞相。命平章事只兒瓦歹齎赴柳林。黎明，伯顏遣騎士至城下問故，脱脱倨城上宣言：「有旨，黜丞相一人，諸從官皆無罪，可各還本衞。」伯顏奏乞陛辭，不許。道出真定，父老奉觴酒以進。伯顏曰：「爾曾見有子殺父事乎？」對曰：「不曾見子殺父，惟聞有臣弒君。」伯顏俯首有慚色。

以馬札兒台爲太師、右丞相，脱脱知樞密院。

詔，脱脱之外，諸侯王不得懸帶弓箭及環刀輒入内府。

十月，馬札兒台辭右丞相，仍爲太師，以脱脱爲中書右丞相。脱脱既秉政，悉更伯顏所行，復科舉取士，行太廟四時祭，雪郯王之冤，召還宣讓、威順二王，禁減鹽額，蠲負逋，開經筵，中外翕然稱賢相焉。

至正三年(癸未、一三四三)十二月，以別兒怯不花爲左丞相。

四年(甲申、一三四四)五月，脱脱罷，以阿魯圖爲中書右丞相。脱脱固辭相位，帝問誰可代者，以阿魯圖對，遂召用之。封脱脱爲鄭王。

七年(丁亥、一三四七)六月，詔免太師馬札兒台官，安置於西寧。時阿魯圖罷，別兒怯不花爲右丞相，以宿憾譖馬札兒台，故有是詔。脱脱力請與父俱行。時相欲傾之，因有告變者，復移於西域撒思之地。御史大夫亦憐真班曰：「脱脱父子無大過，奈何迫之於險。」遂召還甘肅。馬札兒台尋卒。

九年(己丑、一三四九)〔閏〕(據元史四二順帝紀、薛鑑補)七月，復以脱脱爲中書右丞相。初，馬札兒台卒，左丞相太平請令脱脱歸葬，左右以爲難，太平爲之固請，脱脱得還。及拜太傅，脱脱不知太平之有德於己也，因汝中柏讒間成隙，欲中傷之。是時中書參政孔思立等，皆一時名人太平所拔用者，悉誣以罪黜去。太平既罷，又誣劾之。脱脱母聞之，謂脱脱兄弟曰：「太平好人，何害於汝而欲去之？汝兄弟若違吾言，非吾子也。」遂止。太平故吏田復勸之自裁，太平曰：「吾無罪，當聽於天。若自殺，則誠有歉矣。」遂還奉元，杜門不出。

十二年（壬辰、一三五二）八月，脱脱自請出師伐徐州賊李二，詔許之。兵部尚書密邇麻和謨等言：「大臣天子之股肱，中書庶政之根本，不可一日離。乞留脱脱以弼亮天工，庶内外有兼治之宜。」不報。遂詔脱脱以答剌罕、太傅、右丞相分省於外，總制諸路軍馬，凡爵賞誅殺，悉聽便宜從事。脱脱尋破賊於徐州，卽軍中加拜太師，趣還朝。

先是，脱脱弟也先帖木兒出師討劉福通，駐沙河，軍夜潰。西臺御史范文、劉希曾等劾其喪師辱國，脱脱庇之，詔不問。中臺御史周伯琦阿附脱脱，劾文等越分干譽，乃左遷西臺御史大夫朶兒直班爲湖廣平章，而盡出文等，由是人不敢言事。汝中柏等復言於脱脱曰：「不殺朶兒直班，丞相終不安。」乃命給軍餉，總兵者希指數侵辱之，不爲動。脱脱復遣助教完者至軍中，諷使害之。完者至，謂人曰：「平章，國家耆勳舊德，吾苟害之，人將不食吾餘矣。」朶兒直班竟卒於黄州。

十三年（癸巳、一三五三）正月，以哈麻爲中書（平章政事）〔右丞〕（據元史二〇五哈麻傳、續綱目改）。先是脱脱西行也，别兒怯不花爲相，以宿怨每欲中傷之，賴哈麻在上前營護得免。别兒怯不花又與太平、韓嘉訥、秃滿迭兒等十人結爲兄弟。及脱脱復相，謫太平陝西，出别兒怯不花般陽，秃滿迭兒四川右丞，誣以罪，追至中途殺之，而深德哈麻，復召用。至是，拜（平章）〔右丞〕（據同上書改）。

十四年（甲午、一三五四）九月，脱脱總制諸軍，出討高郵賊張士誠，尋破賊於高郵城外。

十二月，詔削脱脱官爵，安置淮安，以太不花等代總其軍。初，脱脱之再相，信用汝中柏，由左司郎中參議中書省〔事〕（據元史一三八脱脱傳、續綱目、薛鑑補）。平章以下見其議事，莫敢異同，惟哈麻以有德於脱脱，不爲之下。汝中柏因譖之脱脱，改爲宣政院使，哈麻深銜之。至是，嗾御史袁賽因不花等劾脱脱："出師三月，略無寸功，傾國家之財以爲己用，半朝廷之官以爲（已）〔自〕（據元史四三順帝紀、續綱目、薛鑑改）隨。其弟御史大夫也先帖木兒，庸材鄙器，玷污清臺，紀綱之政不修，貪淫之心益著。"章三上，詔以脱脱老師費財，已逾三月，坐視寇盜，恬不爲意。削去官爵，淮安安置。也先帖木兒安置寧夏。以太不花、月闊察兒、雪雪代將其兵。詔至軍中，龔伯璲曰："將在軍，君命有所不受。且丞相出師時，嘗受密旨，一意進討可也。詔書且勿開，開則大事去矣。"脱脱曰："天子詔我而我不從，是我與天子抗也，君臣之義何在！"既受詔，卽出名甲名馬分賜諸將，俾各率所部以聽月闊察兒等節制。客省副使哈剌答曰："丞相此行，我輩必死他人之手，今日寧死丞相前！"遂拔刀自刎而死。

十五年（乙未、一三五五）三月，竄脱脱於雲南。初，安置脱脱於淮安，既又移置亦集乃路。至是，臺臣猶論其謫輕，故再徙雲南之鎮西，其弟也先帖木兒徙四川碉門，長子哈剌章肅州，次子三寶奴蘭州，仍籍其家産。

十二月，哈麻矯詔殺脱脱於雲南。脱脱既貶雲南，行次大理，騰衝知府高惠欲以女事之。脱脱曰：「吾罪人也，安敢念及此。」巽詞拒絶，惠銜之。至是再徙阿輕乞之地，惠發軍圍之。哈麻又矯詔遣使賜之鴆，遂卒，年四十二。

史臣曰：脱脱事君，始終不失臣節。惟惑於羣小，急復私怨，君子病焉。

哈麻者，康里人。與其弟雪雪早備宿衛，帝深寵眷之。而哈麻有口才，尤爲帝所嬖幸，累遷官殿中侍御史。帝每卽内殿，與哈麻以雙陸爲戲。一日，哈麻服新衣侍側，帝方啜茶，卽噀茶於其衣。哈麻視帝曰：「天子固當如是耶？」帝一笑而已。其被愛幸，無與爲比。太平爲左丞相，深惡之，與御史大夫韓嘉訥謀出哈麻，諷監察御史斡勒海壽列其惡劾奏之。其小罪則受宣讓王等駝馬諸物，其大者則設帳御幄後，無君臣禮，又恃以提調〔寧〕徽（寧）〔據元史二〇五哈麻傳改。下同〕寺爲名，出入脱忽思皇后宫闈無間，犯分之罪尤大。〔寧〕徽（寧）寺者，主脱忽思皇后錢糧，而脱忽思皇后，帝庶母也。章再上，帝僅奪哈麻、雪雪官爵，居之草地，而太平等三人俱罷。頃之，復以脱忽思皇后言，奪海壽官，禁錮之，謫太平居陝西，加韓嘉訥贓罪，杖流奴兒干以死，哈麻復用。

初，哈麻嘗進西天僧，以運氣術媚帝，帝習爲之，號演揲兒法。演揲兒，華言大喜樂也。哈麻之妹婿集賢學士秃魯帖木兒，故有寵於帝，與老的沙、八郎、答剌馬吉的、波迪哇兒禡等俱號倚納，禿魯帖木兒性奸狡，帝愛之，亦進西番僧伽璘真於帝。伽璘真善祕密法，謂帝曰：「陛下雖尊居萬乘，富有四海，不過保有見世而已。人生幾何，當受此祕密大喜樂禪定。」帝又習之。其法亦名雙修法。曰演揲，曰祕密，皆房中術也。帝乃詔以西天僧爲司徒，西番僧爲大元國師。其徒皆取良家女或三人或四人奉之，謂之供養。於是帝日從事於其法，廣取婦女，惟淫戲是樂。又選采女爲十六天魔舞，每宮中讚佛則按舞奏樂。宮官受祕密戒者得入，餘不與。又爲龍舟，自後宮至前宮山下海子內游戲。八郎者，帝諸弟，與其所謂倚納者，皆在帝前，相與褻狎，甚至男女裸處，號所處室曰皆卽兀該，華言事事無礙也。君臣宣淫，而羣僧出入禁中，無所禁止，醜聲著聞，雖市井之人亦惡聞之。皇太子年日長，尤深疾禿魯帖木兒等所爲，然欲去之未能也。

哈麻既譖殺脫脫，遂拜中書左丞相，雪雪亦由知樞密院拜御史大夫，由是國家大柄盡歸其兄弟二人矣。哈麻既相，自以前所進番僧爲恥，告其父禿魯曰：「我兄弟位居宰輔，宜導人主以正。今禿魯帖木兒專媚上以淫褻，天下士大夫必譏笑我，我將除之。且上日趨昏暗，皇太子年長，聰明過人，不若立以爲帝而奉上爲太上皇。」其妹聞之，歸告其夫。禿魯帖木兒恐皇太子爲帝則己必誅，卽以聞於帝，然不敢斥言淫褻事，第曰哈麻謂陛下年老故耳。帝大驚曰：「朕頭未白，齒未落，遽謂我爲老耶。」帝卽與禿魯帖木兒謀去哈麻、雪雪。計已定，秃魯帖木兒走匿尼寺中。明日，帝遣使傳旨，哈麻、雪雪毋入朝。御史大夫搠思監因奏劾其罪，帝猶不忍。右丞相定住等論奏不已，始詔哈麻惠州安置，雪雪肇州安置。臨行，俱杖死，仍籍其家。

元史紀事本末卷二十四

小明王之立

順帝至正十一年（辛卯、一三五一）五月，潁州妖人劉福通、蕭縣李二兵起。先是四方羣盜蜂起，有司不能制，及發丁夫開河，民心益愁怨思亂。有韓山童者，欒城人，自其祖父以白蓮會燒香惑衆，謫徙永〔平〕〔年〕（據元史五八地理志改）。至山童，倡言天下大亂，彌勒佛下生。河南及江淮愚民，翕然信之。福通與杜遵道、羅文素、盛文郁、王顯忠、韓咬兒復鼓妖言，言山童實宋徽宗八世孫，當爲中國主。福通等乃刑白馬、黑牛，誓告天地，遂同起兵，以紅巾爲號。縣官捕之急，山童就擒，其妻楊氏及其子韓林兒逃之武安。惟福通黨盛不可制，朝廷乃命同知樞密院禿赤以兵擊之。福通既破潁州，遂據朱皐，攻羅山、上蔡、真陽、確山諸縣，尋犯（武）〔舞〕陽（據元史四二順帝紀改）、葉縣，陷汝寧府及光、息二州，衆至十萬。李二號芝麻李，亦以燒香聚衆，與其黨趙均用、彭早住攻陷徐州，據之。

九月，劉福通兵勢日盛，右丞相脫脫乃奏以其弟御史大夫也先帖木兒知樞密院事，及衞王寬徹哥總帥諸衞軍十餘萬討之。復上蔡，擒其黨韓咬兒，誅之。

十二年（壬辰、一三五二）二月，定遠郭子興見汝、潁兵起，列郡騷動，遂與其黨孫德崖等舉兵，自稱元帥，攻拔濠州，據之。徹里不花率兵欲復濠城，憚不敢進，惟日掠良民，指稱爲盜以徼賞。由是人皆洶洶不安，訛言日甚。

〔閏〕（據元史四二順帝紀、薛鑑補）三月，也先帖木兒軍潰於沙河。時也先帖木兒駐軍沙河，軍中夜驚，盡棄軍械，北奔汴梁，收散卒退屯朱仙鎮。朝廷以也先帖木兒不知兵，遣平章蠻子代之。

九月，右丞相脱脱自出軍至徐州，攻其西門。賊出戰，奮擊破之，芝麻李遁去，趙均用、彭早住遁濠州。追擒其將數十人，遂屠其城。尋召脱脱還朝。

十五年（乙未、一三五五）二月，劉福通自碭山夾河迎韓林兒至，立爲皇帝，又號小明王，建都亳州，國號宋，改元龍鳳。以其母楊氏爲皇太后，杜遵道、盛文郁爲丞相，劉福通、羅文素爲平章，劉六知樞密院事。拆太清宫材，建宫闕。福通疾遵道專權，命甲士撾殺之，遂自爲丞相。

十一月，答失八都魯進擊劉福通，戰於長葛，大敗，將士皆奔潰。至中牟，收散卒屯聚。會劉哈剌不花引兵來援，大破福通兵，復駐汴梁。

十二月，答失八都魯大破劉福通於太康，遂圍亳州。小明王遁安豐。

十七年（丁酉、一三五七）二月，劉福通遣其黨毛貴陷膠州。倪文俊陷（陜）〔峽〕州（據元史四五順帝紀改）。李武、崔德等破商州，攻武關，直趨長安，分掠同、華諸州，三輔震恐。俄爲察罕帖木兒所敗，乃退。

六月，劉福通攻汴梁，其兵分三道：關先生、破頭潘、馮長舅、沙劉二趨晉冀，白不信、大刀敖、李喜喜趨關中，毛貴據山東，其勢大振。

十二月，太尉答失八都魯卒於軍。時劉福通攻陷曹、濮、大名、衞輝諸路，答失八都魯引兵擊之。詔遣知樞密院事達理麻失理來援，分兵於雷澤、濮州，以禦福通。達理麻失理戰没，諸軍大潰，答失八都魯退駐石村。朝廷疑其玩寇失機，使者趣戰相踵。敵覘知之，詐爲答失八都魯通好書遺諸路，使者果得之以進。答失八都魯聞之，憂憤死。

十八年（戊戌、一三五八）五月，劉福通攻汴梁，守將竹貞出走。福通入據其城，乃自安豐迎其主韓林兒居之，以爲都。

秋七月，懷慶路守將周全叛附於劉福通。時察罕帖木兒駐軍洛陽，遣伯帖木兒以兵守盤子城。周全來戰，伯帖木兒爲其所殺，遂盡驅懷慶民入汴梁。福通遣全攻洛陽，守將登城，以大義責全。全愧謝退兵，福通殺之。

十九年（己亥、一三五九）八月，察罕帖木兒克汴梁，劉福通復以其主韓林兒走據安豐。

二十三年（癸卯、一三六三）二月，張士誠將呂珍入安豐，殺劉福通，據其城。

二十六年（丙午、一三六六）十二月，小明王韓林兒卒。

元史紀事本末卷二十五

察罕帖木兒克復之功

順帝至正十二年(壬辰、一三五二)十二月，以察罕帖木兒爲汝寧府達魯花赤。先是汝、潁盜起，江淮諸郡皆殘破，朝廷徵兵致討，卒無成功。潁州沈丘人察罕帖木兒奮起義兵，沈丘子弟願從者數百人，與羅山李思齊同設奇計，襲破羅山。事聞，朝廷授察罕帖木兒汝寧府達魯花赤，思齊知府事。於是所在義士俱將兵來會，得萬人，自成一軍，屯沈丘。數與賊戰，輒克捷。

十五年(乙未、一三五五)，汝、潁賊勢滋盛，由汴以南，陷鄧、許、嵩、洛等州。察罕帖木兒引其兵轉戰而北，遂戍虎牢，以遏〔賊〕(據元史一四一察罕帖木兒傳補)鋒。賊乃北渡孟津，焚掠至覃懷，河北震動。察罕帖木兒進戰，大敗之。餘黨柵河洲，殲之無遺類，河北遂定。朝廷奇其功，除中書刑部侍郎。苗軍以榮陽叛，察罕帖木兒夜襲之，虜其衆，遂營中牟。已而淮右賊衆三十萬，掠汴以西，來擣中牟營。察罕帖木兒結陣待之，以死生利害諭士卒，士卒賈勇決死戰，無不一當百。會大風揚沙，自率猛士鼓譟從中起，奮擊賊中堅，賊勢披靡不能支，棄旗鼓遁走。追殺十餘里，斬首無算，軍聲大振。

十六年（丙申、一三五六），汝、潁賊李武、崔德等陷陝州，遂斷殽、函，勢欲趨秦、晉。知樞密院事答失八都魯方節制河南軍，調察罕帖木兒及李思齊往攻之。察罕帖木兒卽鼓行而西，夜拔殽陵，立柵交口。陝城堅，賊轉南山粟給食固守，攻之猝不可拔。察罕帖木兒乃焚馬矢營中，如炊烟狀以疑賊，而夜提兵拔靈寶城。〔守既備〕（據元史一四一察罕帖木兒傳補），賊始覺，不敢動。渡河掠安邑，察罕帖木兒追襲，以鐵騎蹙之。賊回扼下陽，赴水死者甚衆，賊勢窮遁去。以功加河北行樞密院事。

十七年（丁酉、一三五七），劉福通遣其黨毛貴陷膠州。倪文俊陷（陝）〔峽〕州（據元史四五順帝紀改）。李武等破商州，攻武關，遂直趨長安，掠同、華諸州，三輔震恐。時行臺豫王阿剌忒納失里及省、院官皆恟懼，計無所出。侍御史王思誠曰：「察罕帖木兒之名，賊素畏之，宜遣使求援，此上策也。」守將恐其軋己，論久不決。思誠曰：「吾兵弱，朝夕失（將）〔守〕（據元史一四一察罕帖木兒傳、續綱目、薛鑑改），咎將安歸？」乃移書察罕帖木兒曰：「河南、陝西兩省，互爲脣齒，陝西危則河南豈能獨安？」察罕帖木兒新復陝州，得書大喜，遂提輕兵五千，與李思齊倍道赴援。遇賊轉戰，殺掠無算，賊遂潰。捷聞，朝廷以察罕帖木兒爲陝西行省左丞。未幾，賊自巴蜀陷秦隴，據鞏昌，遂窺鳳翔。察罕帖木兒卽先分兵入守鳳翔城，而遣諜者誘賊圍鳳翔。察罕帖木兒自將鐵騎，晝夜馳二百里赴之，分軍張左右翼掩擊，城中軍亦開門鼓譟而出，內外合擊，呼聲動天地。賊大亂，自相踐蹂，斬首數萬級，餘黨皆遁，關中遂定。

十八年（戊戌、一三五八），賊毛貴等陷山東，遂分道犯京畿。朝廷徵諸道兵入衞，詔察罕帖木兒以兵屯涿州。察罕帖木兒卽留兵戍清湫、義谷，屯潼關，塞南山口，以備他盜，而自將鋭卒赴召。時曹、濮賊方分道踰太行，焚上黨，掠晉、冀，陷雲中、雁門、上郡，烽火數千里，復大掠南還。察罕帖木兒先遣兵伏南山阻隘，自勒重兵屯聞喜、絳陽。賊果出南山，縱伏兵橫擊之，賊皆棄輜重走山谷。遂分兵屯澤州，塞盌子城；屯上黨，塞吾兒谷；屯并州，塞井陘口，以杜太行諸道。賊屢至，守將數血戰擊卻之，河東悉定。進陝西行（臺）〔省〕（據元史一四一察罕帖木兒傳、薛鑑改。下同）右丞，兼行臺侍御史、同知河南行樞密院事。於是朝廷乃詔察罕帖木兒守禦關、陝、晉、冀，鎮撫漢、沔、荊、襄，便宜行事。察罕帖木兒益務練兵訓農，以平定四方爲己責。是年，劉福通陷汴梁，造宮闕，易正朔，號召羣盜，自巴蜀、荊楚、江淮、齊魯、遼西至甘肅，所在兵起，勢相聯結。察罕帖木兒乃北塞太行，南守鞏、洛，自將中軍軍沔池，將謀取汴。會賊將周全以賊軍攻洛陽，察罕帖木兒以奇兵出宜陽，破之。進陝西行（臺）〔省〕平章政事，仍兼同知行樞密院事。

十九年（己亥、一三五九），察罕帖木兒以大軍次虎牢。先發游騎，南道出汴南，略歸、亳、陳、蔡，北道出汴東，戰船浮於梁，水陸並下，略曹南，據黄陵渡。乃大發秦兵出函谷，過虎牢，晉兵出太行，踰黄河，俱會汴城下。首奪其外城。察罕帖木兒自將鐵騎屯杏花營，諸將環城而壘。賊屢出戰輒敗，遂嬰城以守。乃夜伏兵城南，旦日遣苗軍跳梁者略城而東，賊傾城出追，伏兵鼓譟起，邀擊敗之。又令弱卒立栅外城以餌賊，賊出争之，佯走，薄城西，因縱鐵騎突擊，悉擒其衆。賊由是不敢復出。自五月至八月，諜知城中計窮食且盡，乃與諸將（閼）〔閻〕思孝（據元史一四一察罕帖木兒傳改）等議，各分門而攻。至夜，將士賈勇登城，斬關入，遂拔之。劉福通挾其僞主，從數百騎，出東門遁去。捷聞，進河南平章政事兼樞密，陝西行臺御史中丞。詔告天下。先是中原亂，江南海漕不復通，京師屢告饑。至是，河南既定，檄書達江浙，海漕乃復至。

二十一年（辛丑、一三六一），察罕帖木兒克山東。先是，察罕帖木兒既定河南，乃以兵分鎮關陝、荆襄、河洛、江淮，而重兵屯太行，營壘旌旗相望數千里。乃日修車船，繕兵甲，務農積穀，訓練士卒，謀大舉以復山東。至是，諜知山東羣盜自相攻殺，而濟寧田豐亦降於賊。六月，察罕帖木兒乃輿疾自陝抵洛，大會諸將，與議師期。發并州軍出井陘，遼、沁軍出邯鄲，澤、潞軍出磁州，懷、衛軍出白馬，及洛、汴軍，水陸俱下，分道並進。而自率鐵騎，建大將旗鼓，渡孟津，踰覃懷，鼓行而東，復冠州、東昌。八月，師至鹽河，遣其子擴廓帖木兒及諸將，以精卒五萬擣東平。與東平賊遇，兩戰皆敗之，斬首萬餘級，直抵其城下。察罕帖木兒以田豐據山東久，軍民服之，乃遣書諭以逆順之理。豐及王士誠皆降，遂克東平、濟寧。時大軍猶未渡，羣賊皆聚於濟南，而出兵齊河、禹城拒戰。察罕帖木兒分遣奇兵，取間道出賊後，南略泰安，逼益都，北徇濟陽、章丘，中循濱海郡邑。乃自率大軍渡河，與賊將戰於分齊，大敗之，進逼濟南城，而齊河、禹城俱來降，南道諸將亦報捷。再敗益都兵於好石橋，東至海濱郡邑，皆聞風送款。攻圍濟南三月，城乃下。詔拜中書平章政事，知河南、山東行樞密院事，陝西行臺中丞如故。察罕帖木兒遂進兵圍益都，環城列營凡數十，大治攻具，百道並進。賊悉力拒守。復掘重塹，築長圍，遏南洋河以灌城中。仍分守要害，收輯流亡，郡縣户口再歸職方，號令煥然。

二十二年（壬寅、一三六二），察罕帖木兒爲田豐所殺。時山東俱平，惟益都孤城猶未下。六月，田豐、王士誠陰結賊，復圖叛。豐之降也，察罕帖木兒推誠待之不疑，數獨入其帳中。豐既謀變，乃請察罕帖木兒行觀營壘。衆以爲不可往，察罕帖木兒曰：「吾推心待人，安得人人而防之。」左右請以力士從，又不許，乃從輕騎十有一人行。至王信營，又至豐營，遂爲王士誠所刺。先是，有白氣如索，長五百餘丈，起危宿，掃太微垣。太史奏山東當大水，帝曰：「不然，山東必失一良將。」即馳詔戒察罕帖木兒勿輕舉，未至而已及於難。詔贈潁川王，謚忠襄。命其子擴廓帖木兒爲平章政事，兼知山東、河南行樞密院事，代總其兵。擴廓帖木兒既襲父職，身率將士，誓必復讐，而賊城守益堅。乃遣壯士穴地通道以入。十一月，遂拔其城，執賊首陳猱頭等二百餘人。取田豐、王士誠之心以祭其父，餘黨皆就誅。復遣兵取莒州，山東悉平。

元史紀事本末卷二十六

東南喪亂

順帝至正八年（戊子、一三四八）十一月，台州黄巖民方國珍兵起。初，國珍與蔡亂頭等相讐殺，遂入海爲亂，劫掠漕運。詔江浙參政朶兒只班討捕之。追至福州，國珍知事危，焚舟將遁，我兵自相驚潰，朶兒只班遂被執。國珍迫其上招降之狀，朝廷從之，授國珍兄弟以官。將治朶兒只班之罪，樞密參議歸暘曰：「將之失利，其罪固當，然所部皆北方步騎，不習水戰，是驅之死地耳。宜募海濱之民習水利者擒之。今國珍遣人請降，決不當從。國珍已敗我王師，又拘我王臣，力屈而來，非真降也。必討之以令四方。」時朝廷方事姑息，卒從其請。國珍兄弟不肯赴，勢益猖獗。

十一年（辛卯、一三五一）六月，方國珍兄弟入海，燒掠沿海州郡。朝廷遣江浙行省左丞孛羅帖木兒往擊之，兵至大閭洋，國珍夜率勁卒縱火鼓譟，官軍不戰皆潰，赴水死者過半。孛羅帖木兒被執，反爲國珍飾詞上聞。朝廷復遣達識帖木邇等至黄巖招國珍，國珍兄弟皆登岸羅拜，退止民間。紹興總管泰不花欲命壯士襲殺之，達識帖木邇曰：「我受詔招降，公等欲擅命耶！」乃止。仍檄泰不花至海濱，散其徒衆，授國珍兄弟官有差。

十月，蘄州人徐壽輝等兵起，攻陷蘄水縣及黄州路。壽輝自稱皇帝，國號天完，改元治平，以鄒普勝爲太師。攻陷饒州，執魏中立；陷信州，執于大本。二人不屈，並死之。

十二年（壬辰、一三五二）正月，徐壽輝兵陷漢陽，遂陷武昌，行省丞相威順王寬徹普化等棄城走，壽輝兵復陷安陸府，知府丑驢戰不勝，死之。攻沔陽，推官俞述祖戰敗被執，不屈，壽輝怒，支解之。

二月，徐壽輝兵攻九江，右丞孛羅帖木兒方駐兵於江，聞風宵遁。總管李黼檄鄉落，聚木石於險處，遏其歸路。黄梅主簿也孫帖木兒願出擊賊，黼與之出戰，大敗賊兵，殺獲二萬餘人。黼曰：「賊不利於陸，必以舟薄我。」乃令以長木數千，冒鐵椎於杪，暗植沿岸水中。賊舟數千艘，順流鼓譟而至，遇木樁不得動，黼發火箭射之，焚溺無算。時東際淮甸，西自荆湖，守臣往往棄城遁，獨黼守孤城，中外援絶。而賊勢益熾，進兵薄城，分省平章禿堅不花自北門出走。黼引兵登陴，賊已焚西門，張弩射之。轉攻東門，黼急往救，城已破，賊兵入矣，猶與之巷戰。力不能敵，乃揮劍叱之曰：「殺我，無殺百姓！」賊刺之，墮馬，與兄冕子秉昭俱死。州人聞之，哭聲震地，具棺葬之。時冕居潁，亦死於賊。事聞，贈黼隴西公，謚（文）

忠〔文〕(據元史一九四忠義傳改)。

三月,台州路達魯花赤泰不花與方國珍戰於澄江,死之。時朝廷方征徐州,命江浙募舟師,北守大江。國珍懷疑,復劫其黨入海。泰不花遣義士王大用往諭,國珍拘留不遣,而令其黨陳仲達往來議降。泰不花具舟,張受降旗,乘潮下澄江,觸沙不行。垂與國珍遇,呼仲達申前議,仲達目動氣索。泰不花覺其心異,手斬之,卽前搏賊船,奮擊之。賊羣至,欲抱持入其船。泰不花瞋目叱之,奪刀殺賊。賊攢槊刺之,中頸死,猶植立不仆,投其屍海中。事聞,追贈魏國公,謚忠介。

七月,徐壽輝遣項普略引兵掠徽、饒諸州,遂犯昱嶺關,攻杭州。城中猝無備,參政樊執敬遽上馬率衆出,中途與賊遇,乃奮(力)〔刀〕(據元史一九五忠義傳改)斫賊,中槍而死。時董摶霄從江浙平章教化征安豐,乘勝攻濠州,會朝廷命移軍援江南,遂渡江至德清,而杭州已陷。教化問計,摶霄曰:「賊見杭州子女玉帛必縱欲,不暇爲備,宜急攻之。若退保湖州,使賊乘鋭出京口,則江南不可爲矣。」教化猶豫未決,諸將亦難其行。摶霄曰:「公江浙相君,方面既陷,而及今不取,誰任其咎?」復拔劍顧諸將曰:「相君在此,敢有慢令者斬!」遂進兵薄杭州。賊迎敵,麾壯士突前,諸軍相繼夾擊,凡七戰,追殺至清河坊。賊奔接待寺,塞其門而焚之,賊皆死,遂復杭州。已而餘杭、武康、德清亦次第平,摶霄亦受代去。徽、饒賊復自昱嶺關寇於潛，行省乃假搏霄爲參政，復提兵討之。搏霄卽日引兵扼新溪，追殺至於潛，復其縣，又復昱嶺關。賊兵復大至，陷千秋關。搏霄按軍不動，伏兵城下，授以火礮，約曰：「見旗動卽發。」已而視賊稍懈，進兵擊之，伏兵見旗動，盡發，遂奪千秋關。賊復攻獨松、百丈、幽嶺三關，搏霄先以兵守要路，分三道會兵擣賊巢，乘勝復安吉，尋克廣德。賊復犯徽州，有道士能作十二里霧，搏霄伏兵擊之。已而妖霧開，伏兵皆起，賊大潰，斬首數萬級，徽州復平。

九月，以余闕爲淮西宣慰副使，守安慶。時寇兵日盛，闕抵官十日而賊至，拒卻之。乃集有司諸將議屯田戰守策，環境築堡砦，選精甲外捍，而耕稼於中。浚隍增陴，隍外環以大防，深塹三重，南引江水注之，環植木爲栅，城上四面起飛樓，表裏完固。俄升都元帥。廣西苗軍五萬從元帥阿思蘭沿江下，抵廬州，闕移文謂苗蠻不當使窺中國，詔阿思蘭引還。苗軍有暴於境者，卽收戮之，凛凛莫敢犯。時羣盜環布四外，闕居其中，左提右挈，屹爲江淮一保障。

十一月，江西行省平章政事星吉擊趙普勝，戰於湖口，兵敗死之。星吉初爲南臺御史大夫，執政惡之，出爲湖廣平章，至是移江西。星吉馳赴任，比至江東，復有詔令守江州。時江州已陷，趙普勝、周驢等據池陽、太平諸郡，號百萬。星吉募兵得三千人，趨銅陵，克之，擒艫，奪其船六百艘，軍聲大振，遂復池州。分兵攻石埭諸縣，進據清水灣，又大破之。賊久圍安慶，聞風燒營遁去。遂進復湖口縣，克江州，留兵守之。命王維恭栅小孤山，星吉自據鄱陽口，綴江（西）〔湖〕（據元史一四四星吉傳改）要衝，以圖恢復。日久援不至，賊乘大艦來攻，編葦篋塞上下流，火之。星吉率兵力戰，衆死且盡，星吉猶堅坐不動，中流矢而仆。賊素聞其名，不忍害，舁至密室乃蘇，羅拜餽食。星吉叱之，七日乃自力而起，北向再拜曰：「臣力竭矣。」遂絶。星吉，河西人，搠思吉之子。

十三年（癸巳、一三五三）五月，泰州白駒場亭民張士誠及其弟士德、士信起兵，陷泰州。淮南行省遣知府李齊招降被留，久之，賊酋自相戕，始縱齊來歸。士誠尋殺參政趙璉，陷興化縣。行省以左丞偰哲篤鎮高郵，出齊守甓社湖。會數賊呼譟入城，省憲官皆遁。齊還，城門已閉，士誠遂據高郵，稱誠王，國號大周，建元天祐。已而有詔赦之，使至不得入。賊紿言：「請李知府來乃受命。」行省强齊往，至則下齊於獄。齊雖辭説百端，而士誠本無降意。士誠呼齊使跪，齊叱曰：「吾膝如鐵，豈爲賊屈。」士誠怒，使拽倒，椎碎其膝而剮之。時論大科三魁，若李黼、泰不華及齊，皆不負科名云。

十月，以方國珍兄弟爲各路治中，不受。先是，遣江浙左丞帖里帖木兒、南臺侍御史左答納失里復招諭國珍。既而二人報國珍已降，乞授以五品流官，令納其船，散遣徒衆，遂以國珍爲徽州路治中，國璋廣德路治中，國英信州路治中。國珍等疑懼不受命，仍擁船千艘，據海道，阻絕糧運。復遣江浙右丞阿兒温沙等率兵討之。

十二月，江浙行省卜顏帖木兒及西寧王牙罕沙等合軍討徐壽輝於蘄水，壽輝敗走，獲其官屬四百人。初，徐壽輝將王善，既陷羅源，遂攻福州。連江縣巡檢劉濬募壯士，與其子健，數與力戰。濬中箭墮馬，健下馬掖之，俱被執。濬罵賊而死，健亦以死拒賊。善義而釋之，使瘞父屍。健歸，請帥府兵以復讐，弗聽，因盡散家貲，結死士百人，詐爲工商流丐入賊中。半夜，發火大譟，賊驚擾自相殺，健手斬殺其父者，并擒善獻於帥府。事聞，贈濬行省檢校，授健古田令。

十四年（甲午、一三五四）六月，張士誠寇揚州，達識帖睦邇兵敗，諸軍皆潰。士誠尋陷盱眙及泗州。

十五年（乙未、一三五五）春正月，徐壽輝遣其將倪文俊復破沔陽，威順王寬徹普化令其子報恩奴等同元帥阿思藍，水陸並進討之。至漢川，水淺，文俊用火（筏）〔筏〕（據元史四四順帝紀、續綱目、薛鑑改）燒船，兵遂敗，報恩奴被殺。

三月，徐壽輝兵破襄陽。

五月，倪文俊自沔陽復破中興路，元帥朶兒只班戰死。

十六年（丙申、一三五六）正月，倪文俊建都於漢陽，迎徐壽輝據之。未幾，復陷常德、澧州諸路。

二月，張士誠陷平江路，據之，改爲隆平府，遂陷湖州、松江、常州諸路。初，或傳士誠有降意，朝廷遣烏馬兒、孫撝持詔往諭之。士誠拘之一室，迫使降，撝詬斥不絶。及士誠徙平江，撝與士誠部將張茂先者謀，遣人約鎮南王，刻日進兵復高郵，事泄被害。

三月，方國珍復降，命爲海道漕運萬户，其兄國璋爲衢州路總管。

七月，張士誠遣兵破杭州，江浙丞相達識帖睦邇遁，平章左答納失里戰死。先是達識帖睦邇兵屢敗，議者以爲苗軍可用，遂自寶慶招土官楊完者至淮南殺賊，以功累官江浙行省參政。至是，士誠兵破杭州，達識帖睦邇（兵）〔遁〕（據元史一四〇達識帖睦邇傳、續綱目、薛鑑改）入富陽，完者乃自嘉興引苗軍及萬户普賢奴，擊敗士誠兵，復其城，達識帖睦邇乃還。然苗軍素無紀律，肆爲抄掠，所過蕩然無遺。達識帖睦邇方倚完者爲重，莫敢禁遏。完者益恣，凡事皆決於完者，達識帖睦邇僅署成案而已。

是年，淮安城陷，廉訪使（楮）〔褚〕不華（據元史一九四忠義傳、續綱目、薛鑑改。下同）死之。（楮）〔褚〕不華居羣盗間，守淮安者五年，大小數百戰。糧盡，食草木、螺蛤、魚蛙、烏燕，及韡皮、鞍韂、革廂、〔敗〕（據同上書補）弓之筋俱盡。撤屋爲薪，人皆露處。城陷，不華猶據西門力鬭，中傷見執，爲賊所臠。子伴哥亦死。

十七年（丁酉、一三五七）八月，張士誠侵嘉興，楊完者敗之。士誠乃以書約降，完者欲納之，達識帖睦邇以其反覆不可信，不許。完者固勸，乃承制假江浙廉訪使周伯琦行省參政，至平江招諭之。士誠始要王爵，不許，又請爲三公，完者亦力爲之請，達識帖睦邇幸其降，遂授士誠太尉，其弟士德淮南平章，士信同知〔行〕（據元史一四〇達識帖睦邇傳、續綱目、薛鑑補）樞密院事，其黨皆授官有差。於是朝廷以招安士誠爲達識帖睦邇之功，加太尉。

九月，徐壽輝將陳友諒殺倪文俊，併其軍，自稱平章。

十八年（戊戌、一三五八）正月，陳友諒破安慶，淮南行省左丞余闕死之。先是，闕固守安慶，倚小孤山爲藩蔽，命義兵元帥胡伯顏統水軍戍守。友諒自上流引軍直擣山下，伯顏與戰四日夜，不勝奔還。賊追薄城下，闕遣兵扼之。俄而饒寇攻西門，友諒兵乘東門，既登城，闕揀死士奮擊敗之。敵兵恚甚，乃併軍樹柵，起飛樓來攻，闕分兵捍敵，晝夜不得息。至是，池州趙普勝軍東門，友諒軍西門，饒州軍南門，四面蟻集。闕徒步提戈，爲士卒先。分遣部將督三門之兵，自以孤軍血戰，斬首無算，而闕亦被十餘創。日中城陷，火起。闕知不可爲，乃引刀自剄，墮清水塘中，死。妻蔣氏及妾耶卜、耶律氏，子德臣，女安安，甥福童，亦皆赴井死。同時死者，守臣韓建一家被害，居民誓不從賊，焚死者以千計。其知名者：萬户李宗可、紀守仁、陳彬、金承宗，經歷段桂芳，都事帖木補花，千户盧廷玉、葛延齡、丘啚、許元琰，奏差兀都蠻，百户黄寅孫，安慶推官黄禿倫歹，經歷楊恒，知事余中，懷寧縣尹陳巨濟。事聞，贈闕平章政事，追封豳國公，謚忠宣。

四月，陳友諒破龍興。時火你赤以左丞守洪都，舊帥道童任其將章伯顏、普(化)顏不花(據元史一四四道童傳、續綱目改)捍城，頗有功，火你赤疾而撓之。城陷，火你赤出走，道童奔撫州，謀舉兵，爲追者所殺。友諒盡陷江西諸路。

十九年(己亥、一三五九)六月，陳友諒遣其黨王奉國寇信州，伯顏不花的斤自衢往援，破走其兵。時鎮南王子大聖奴屯兵城中，開門出迎，伯顏不花〔的斤〕(據元史一九五忠義傳、續綱目、薛鑑補。下同)登城四顧，誓以破賊自許。後數日，賊又來攻，遂分兵爲三，出城奮擊，斬首數千級，復大破之。友諒弟友德植木栅，攻城益急。又遣使來説降，伯顏不花的斤曰：「汝來誘我耶，我頭可斷，足不可移！」乃數其罪而斬之。由是日夜鏖戰，糧竭矢盡，而氣不衰。城中食草苗茶紙，括韃底，掘鼠羅雀，殺老弱以食。伯顏不花〔的斤〕屢出兵破賊，奉國遂穴地道，晝夜攻之不息。踰旬，城遂陷。伯顏不花的斤與大聖奴及部將海魯丁、蔡誠、蔣廣皆戰死。初，伯顏不花的斤之赴援也，入白其母鮮于氏曰：「兒今不得事母矣。」母曰：「爾爲忠臣，吾亦何憾。」因命子也先不花奉其母間道入閩，以江東廉訪司印送行臺，而提兵向信。鮮于氏，太常典簿樞之女。

十二月，陳友諒徙其主徐壽輝都江州，自稱漢王。初，壽輝聞友諒破龍興，欲徙都之，友諒忌其來，不利於己，不從。至是，壽輝引兵發漢陽，南下江州。友諒陽出迎，而伏兵於城西，俟壽輝既入，門閉伏發，盡殺其部曲，惟存壽輝。以江州爲都，居之。遂自稱漢王，立王府，置官屬，事權盡歸友諒，壽輝惟擁虛位而已。

二十年（庚子、一三六〇）三月，陳友諒弑其主徐壽輝。先是，友諒率舟師犯太平，挾壽輝以行。太平既陷，急謀僭竊，乃於采石舟中，佯使人詣壽輝前白事，令壯士持鐵撾自後擊之，碎其首。壽輝死，友諒遂以采石五通廟爲行殿，稱皇帝，國號漢，改元大義，仍以鄒普勝爲太師，張必先爲丞相，羣下立江岸，草次行禮，值大雨至，略無儀節。

二十三年（癸卯、一三六三）九月，張士誠自稱吳王。士誠雖降，而城池、甲兵、錢穀皆自據如故。又素忌楊完者，欲圖之，而達識帖睦邇亦厭完者驕肆不可制，乃陰與定計，舉兵圍之。完者及其弟伯顏皆自殺，士誠遂遣兵據杭城。朝廷因以其弟士信爲江浙行省平章〔政〕（據元史一四〇達識帖睦邇傳、續綱目、薛鑑補）事，方面大權悉歸張氏，達識帖睦邇徒擁虛名而已。至是，士誠乃令其部屬自頌功德，求王爵，朝廷未許。士誠遂自立爲吳王，即平江治宮室，〔立〕（據同上書補）官屬。達識帖睦邇後飲藥死。

是年，陳友諒之衆與大明兵戰敗，中流矢死，國亡。士誠二十七年始滅。方國珍亦降於大明。

元史紀事本末卷二十七

諸帥之争

孛羅 擴廓 李思齊 張良弼

順帝至正十九年（己亥、一三五九）（三）〔二〕（據續綱目、薛鑑改）月，詔孛羅帖木兒移鎮大同。孛羅帖木兒者，答失八都魯之子也。從父討劉福通等，屢立戰功。父没，命爲河南行省平章政事，代總其衆。擊福通於衛輝，走之，遂屯真定。復自武安，由彭城，邀截沙劉〔二〕（據元史四五順帝紀、本書二四小明王之立補）等，敗之。引兵攻拔曹州。至是，朝廷命孛羅帖木兒移鎮大同，以爲京師捍蔽。復置大都督兵農司，分十道，專督屯田，以孛羅帖木兒領之。

二十年（庚子、一三六〇）八月，詔孛羅帖木兒守石嶺關以北，察罕帖木兒守石嶺關以南。初，山西晉、冀之地皆察罕帖木兒所平定，而孛羅帖木兒兵駐大同，欲併據晉、冀，遂相讐隙，故有是詔。

九月，孛羅帖木兒復調兵，自石嶺關直抵（晉）冀〔寧〕（據元史四五順帝紀、續綱目、薛鑑改。下同），圍其城三日，退屯交城。察罕帖木兒發兵拒之。朝廷遣使諭令講和。未幾，復命以（晉）冀

〔寧〕禪孛羅帖木兒，察罕帖木兒不從，遣部將瑣住等來争，交戰於東勝州等處。朝廷爲再遣使諭解，二人始各還鎮。

二十〔一〕〔二〕（據元史四六順帝紀、薛鑑改）年（壬寅、一三六二）冬十月，孛羅帖木兒復進屯真定。時察罕帖木兒被害，子擴廓帖木兒代其任。孛羅帖木兒結張良弼，欲復圖晉、冀，引兵侵擴廓帖木兒分地，遂據真定路。

二十〔二〕〔三〕（據同上書改）年（癸卯、一三六三）六月，孛羅帖木兒遣竹貞襲據陝西。時陝西行省右丞答失鐵木兒與行臺有隙，恐陝西爲擴廓所有，陰結孛羅，請竹貞入城，劫御史大夫完者帖木兒印，復拘留之。擴廓遣部將貊高，合李思齊兵攻之，竹貞遂降。

（二十三年）十二月，御史大夫老的沙罷，安置東勝州，老的沙逃匿孛羅軍中。時帝在位久，皇太子春秋日盛，軍國之事皆其所臨決。皇后奇氏乃謀内禪太子，而使宦者朴不花喻意於丞相太平。太平不答，遂罷去，搠思監爲丞相。帝益厭政，不花乘間用事，與搠思監相表裏，四方警報，皆抑不聞，中外憂憤。宣政院使脱歡與之同惡，爲國大蠹。於是監察御史也先帖木兒、孟也先不花、傅公讓等乃劾奏朴不花、脱歡奸邪，當屏黜。御史大夫老的沙以其事聞，皇太子執不下，而皇后庇之尤固，御史皆坐左遷。治書侍御史陳祖仁連上皇太子書切諫之，而臺臣大小皆辭職，皇太子乃爲言於帝，令二人姑辭退。而祖仁言猶不已，又上帝書，言：「二人亂階禍本，今不芟除，後必不利。」侍御史李國鳳亦上書争之。由是帝大怒，國鳳、祖仁等亦皆左遷。時老的沙執其事頗力，皇太子因惡之，而皇后又譖之於内。帝以老的沙母舅，故封爲雍王，遣歸國。已而復以朴不花爲崇政院使。老的沙至大同，遂留孛羅帖木兒軍中。皇太子屢索之，不遣。

二十四年（甲辰、一三六四）三月，詔削孛羅帖木兒官爵。時皇太子方倚擴廓帖木兒爲外援，而怨孛羅帖木兒匿老的沙不遣，搠思監、朴不花遂誣孛羅帖木兒與老的沙等謀不軌。詔削其官，使解兵柄歸四川。孛羅拒命不受。

夏四月，詔擴廓帖木兒討孛羅。孛羅知詔命調遣皆搠思監所爲，遂令禿堅帖木兒舉兵向闕。禿堅兵入居庸關，知院也速、詹事不蘭奚迎戰不利。皇太子率侍衞兵出光熙門，東走古北口，趨興、松。禿堅兵至清河列營。時京師無備，城中大震，令百官吏卒分守京城。使達達國師至其軍問故，禿堅以必得搠思監、朴不花爲對。詔慰解之，不聽。乃執搠思監、朴不花二人畀之，遂復孛羅官爵，總兵事。禿堅率兵自建德門入，覲帝於延春閣，慟哭請罪。帝宴賚之。加孛羅太保，仍守禦大同，禿堅爲中書平章政事。

五月，皇太子出奔至路兒嶺，詔追及之，令還宫。皇太子恚怒不已，遂命擴廓帖木兒調兵分道以討孛羅。其東道以白鎖住領兵三萬守禦京師，中道以貊高、竹貞領兵四萬，西道以闊保領兵五萬，合擊之。闊保等進逼大同，孛羅留兵守大同，而自率兵與秃堅、老的沙復大舉向闕。

六月，白鎖住以兵至京師。

秋七月，孛羅前鋒入居庸關，皇太子親率兵禦於清河，軍士皆無鬭志，太子馳還都城。白鎖住引兵入平則門，遂扈從太子由雄、霸、河間，取道走冀寧。孛羅進軍，駐建德門外，與秃堅、老的沙入見帝。孛羅欲追襲皇太子，老的沙止之。帝以孛羅爲中書左丞相，尋進右丞相，節制天下軍馬。老的沙爲平章政事，秃堅帖木兒爲御史大夫。

二十五年（乙巳、一三六五）三月，皇太子下令擴廓帖木兒軍中，討孛羅帖木兒。孛羅聞之，遂出二皇后奇氏，幽於諸色總管府。頃之，逼后還宫取印章，僞爲后書召太子，復逼后出而幽之。遣秃堅帖木兒率衆攻上都之附太子者，調也速南禦擴廓帖木兒兵。也速次良鄉不進，謀之於衆，皆以孛羅悖逆，中外同憤，遂勒兵歸永平。遣人西連擴廓，東連遼陽諸王，共討孛羅，軍聲大振。孛羅患之，遣驍將姚伯顔不花出拒，至通州，河溢，營虹橋以待。也速出其不意，襲破之，擒斬姚伯顔。孛羅大怒，自將出通州，三日大雨而還。時后亦數納美女於孛羅，至百日，始還宫。

秋七月，孛羅帖木兒伏誅。孛羅先嘗以疑殺其將保安，既又失姚伯顔，鬱鬱不樂，乃日與老的沙等飲宴，荒淫無度，又酗酒殺人，喜怒不測。威順王之子和尚忿其無君，數言於帝，受密旨，與徐士本謀，結勇士上都馬、金那海、伯〔顏〕達兒（據元史一一七寬徹普化傳補。下同）等，陰圖刺殺之。至是，禿堅帖木兒遣使上告征上都之捷，孛羅入奏，行至延春閣下，伯〔顏〕達兒自衆中奮出斫之，中其腦，死。老的沙趨出，擁孛羅家屬北遁。詔盡殺其部黨。禿堅帖木兒引輕兵走八兒思之地。朝廷遣使函孛羅首往冀寧，召太子還京師。

九月，擴廓帖木兒扈從太子至京師。詔以擴廓爲中書左丞相、知樞密院事。太子之奔太原也，欲用唐肅宗故事自立，擴廓帖木兒與孛蘭奚等不從。及還京師，皇后奇氏傳旨，令擴廓帖木兒以重兵擁太子入城，欲脅帝禪之位。擴廓帖木兒知其意，比至京城三十里，即散遣其衆。由是皇太子心銜之。

十月，樞密副使觀音奴獲老的沙，誅之。禿堅帖木兒尋亦被誅。

閏月，封擴廓帖木兒爲河南王，還視師。是時中原無事，而江淮、川蜀皆已陷没。皇太子屢請躬出督師征討，帝難之，乃詔封擴廓河南王，代之親征，總制關陝、晉冀、山東諸道并迤南一應軍馬，便宜行事。擴廓帖木兒於是分省自隨，官屬之盛，等於朝廷。

二十六年（丙午、一三六六）二月，擴廓帖木兒移軍懷慶，未幾又移彰德，調度各處軍馬。

二十七年（丁未、一三六七），李思齊、張良弼、脱列伯自會於含元殿，推李思齊爲盟主，同拒擴廓帖木兒。初，李思齊與察罕帖木兒同起義師，齒位相等夷。及是，擴廓帖木兒代總其兵，思齊心不能平，而張良弼首拒命，孔興、脱列伯等亦皆以功自恃，各請别爲一軍，不相屬。擴廓帖木兒乃遣關保、虎林赤以兵西攻良弼於鹿臺，而思齊遂與良弼合，兵連不能解。擴廓帖木兒始受命南征，反退居彰德，惟思用兵陝西。由是朝廷始疑其有異志。

秋(七)〔八〕(據元史四七順帝紀、續綱目、薛鑑改)月，詔皇太子總制天下軍馬。詔略曰：「曩者障塞決河，本以拯民昏墊，豈期妖盜横造訛言，簧鼓愚頑，塗炭郡邑，殆遍海内，兹逾一紀。故察罕帖木兒仗義興師，獻功敵愾，汛掃汴、洛，克平青、齊。其子擴廓帖木兒，克繼先志，用成駿功。皇太子愛猷識理達臘，計安宗社，屢請出師。朕以國本至重，遂授擴廓帖木兒總戎重寄，俾代其行。李思齊、張良弼等各懷異見，搆兵不已，以致盜賊愈熾，深遺朕憂。詢諸衆謀，咸謂皇太子宜遵舊典，總帥天下兵馬。其擴廓帖木兒自潼關以東，肅清江淮；李思齊自鳳翔以西，與侯伯顔達世進取川蜀；少保禿魯及張良弼、孔興、脱列伯共取襄樊。詔書到日，悉宜洗心滌慮，共濟時艱。」時朝廷屢促擴廓帖木兒出師江淮，擴廓僅遣其弟脱因帖木兒及貊高等往山東，而與張良弼搆兵不已。詔下和解之，擴廓戕殺使臣，跋扈之迹漸張。朝廷疑之，故有是詔。

冬十月，詔罷擴廓帖木兒兵柄。初，詔書雖下，皇太子亦竟止不行，而分兵之命，擴廓帖木兒終捍拒不肯受，於是貊高、關保等皆叛擴廓帖木兒。關保自察罕帖木兒起兵以來即爲將，勇冠諸軍，功最高。而貊高善論兵，尤爲察罕帖木兒所信任。及是，兩人見擴廓帖木兒有不臣之心，故皆叛之，列其罪狀聞於朝，舉兵共攻之。而皇太子用沙藍答兒、帖林沙、伯顏帖木兒、李國鳳等計，立撫軍院，總制天下軍馬，專備擴廓帖木兒。以貊高等能倡大義，賜號忠義功臣。落擴廓帖木兒太傅、中書左丞相，依前河南王，以汝州爲食邑，與弟脱因帖木兒同居河南府。從行官屬，悉令還朝。諸軍在帳前者，白鎖住、虎林赤領之；在河南者，李克彝領之；在山東者，也速領之；在山西者，沙藍答兒領之；在河北者，貊高領之。擴廓帖木兒既聞詔，即退軍還澤州。詔又命秃魯與李思齊、張良弼、孔興、脱列伯率兵東向，以正天討。明年，朝廷命左丞孫景逸分省太原，關保以兵爲之守。擴廓帖木兒即遣兵據太原，盡殺朝廷所置官。皇太子乃命魏賽因不花及關保，皆以兵與思齊、良弼諸軍夾攻澤州。又下詔削奪擴廓帖木兒爵邑，令諸軍共誅之。擴廓帖木兒乃退守平陽，而關保遂據澤、潞二州，以與貊高合。

時李思齊、張良弼、孔興、脱列伯等與擴廓帖木兒相持既久，大明兵時已及河南，思齊等乃遣使詣擴廓帖木兒，告以出師非本心，遂解兵大掠西歸。獨貊高復攻平陽。當是時擴廓帖木兒氣稍沮，而關保、貊高勢甚振，數請戰，擴廓帖木兒不應，或師出即復退。一日，諜知貊高分兵掠祁縣，即夜出師薄其營，擊之，大敗其衆，貊高、關保皆就擒。朝廷聞之，遽罷撫軍院，而帖林沙、伯顏帖木兒、李國鳳等以誤國皆受誅。既而擴廓帖木兒上疏自陳其情，朝廷復下詔滌其前非。於是大明兵已定山東及河洛，中原俱不守。帝乃下詔，復命擴廓帖木兒仍前河南王、中書左丞相，以兵南下，也速兵趨山東，禿魯出潼關，李思齊出七盤、金、商，圖復汴、洛。未幾，也速兵潰，思齊兵亦未嘗出，擴廓帖木兒又自平陽退守太原，不敢復南向，事已不可爲矣。已而大明兵迫京城，帝北奔，國遂以亡。及大明兵至太原，擴廓帖木兒即棄城遁，領其餘軍西奔於甘肅。後不知所終。

附録一

元史紀事本末敍

史之體有二，左氏以編年而司馬氏爲紀傳世家，編年重在事而紀傳世家重在人。重在事者，其人多闊略而無徵，重在人者，其事常散漫而難究，故袁氏之通鑑本末出焉。其體兼用左、馬，而取其事之最鉅與其人之最著者，各以年彙次之，一舉始而終瞭然若指掌，讀史者尤便之，而獨惜其闕宋、元也。劉侍御陽生嘗以馮宗伯未竟之書屬陳司勳德遠卒業，既畢宋矣，余復以元史請，于是司勳成之而臧晉叔訂焉。余讀而嘆曰：自正統之説行，而秦、晉、隋、元皆黜爲閏，青衿而應制科者不得舉其凡，而學士大夫之爲史學者又多所挂漏，自左、馬而下，問以范曄、陳壽之撰，有所不能對，無論元矣。我明之功，議者以爲不減開闢，唯夫驅左衽而冠裳之也。然能黜元統而不能盡廢元法，如欽天推步則至元間所授，科舉三場則皇慶間所定，四書、易、詩之用朱註，書之用蔡註，春秋之用胡傳，則延祐間所表章，文武官級則劉秉忠、許衡所建設，漕渠則張禮孫、郭守敬所疏鑿，河防築堤治埽諸法則賈魯所經營。大抵開創之始所引用者皆勝國之人，所習見者皆勝國之事，故一時紆畫厝注多相沿襲。語云，繼治世者其道同，繼亂世者其道異。由兹以談，非獨治世同也，卽亂世亦有不得盡異者矣。元于宇宙間固稱極亂，要其盛時，君臣相與講求創置一代之基，亦自有一代精神足垂於後，此聖祖之所以不盡廢也。又其大者，幽燕之墟，古無定鼎，至元而始都，至文皇而遂翼然爲萬國車書所統會，其視豐、鎬、汴、洛，形勝倍之，天之所以啓明而昌其運祚者，蓋在于此。夫漢之代秦也，唐之代隋，宋之代周也，皆無改其故都，燕邸之分茅，其兆之矣。挈短度長，則元之功于明者鉅也。余所最惜元者獨有二事，擢抑漢人不得爲正官，其達魯花赤之類皆使其族類爲之，華夷之情不相流浹，卒虐用其民以底於亂；又崇奉西僧，至于帝后受戒，儼然弟子，末世沉惑，遂亡其國。然則概元之所以亂，非必盡胡運之衰，毋亦主德荒而民心失，土崩瓦解之形一成而遂不可救歟！司勳氏所輯信近世得失之林，有天下者所宜覽觀也。余故略論其指，附于法後王之義，因以備殷鑑之萬一焉。

萬曆丙午孟秋應天府府尹勾吳徐申書

（據萬曆三十四年原刻本）

附録二

元史紀事本末序

先是侍御斗陽劉公既刻宋史紀事本末告成事，復以京兆徐公之言致不佞里中曰：「元實代宋，又我朝之所代也，其事尤近，不可無述，子其實重圖之。」不佞敬諾，遂取元史稍稍次第其本末，删繁就約，略細舉鉅，無何，有成帙。乃序而論之曰：

昔者秦起西戎，霸諸侯，至始皇而有天下，漢儒猶謂之紫色餘閏，不足當於帝王之次，矧元氏初起尤非秦比者乎。雖然，人知秦與元之不得爲正統，而不知天以秦開漢，以元開我朝，雖欲無秦與元而不可得也。甚矣，天意之微也，當春秋季，王道極壞，先王之大經大法靡爛不可復收拾，此亦宇宙更革一大會也。凡封建之不得不爲郡縣，井田之不得不爲阡陌，皆其勢也，秦適乘之耳，豈秦獨能哉！然剗除先王之舊則義士不予，創百代所未有則民不習而驚，無論秦復濟以暴虐，雖欲順守，其能一日安乎。漢興，因仍秦舊，稍緣飾以仁義而天下遂翕然而安。秦人作之而漢人守之，秦被其虛名，漢享其實利，四百年大業，大都亡秦舊物耳。漢蓋非獨取秦，併取其爲秦者而爲漢也，故曰，天以秦開漢也。惟我朝之於勝國亦然。自石晉以山後路契丹，宋又失銀、綏，而中國之險盡入夷狄。天之所以限內外、界華夷者不欲終廢，而地氣自北而南，其窮荒絶徼，風氣有必開者。於是元起自朔陲，奄燕雲，呑全夏，乃始入踐中原，而又繞出滇、雲蒙、段之區，以及西蜀，而併吳、會，天下始合爲一。蓋又百餘年，而真人起淮甸，上帝全畀所覆。當時經營戡定，多在吳越、荆楚間，其北盡燕，南盡滇，僅一指麾而定耳，此非因其勢，卽天威不至於此。然則中國之險塞復完，裔俗之風氣盡開，聲教邁乎五帝，疆域過於三代，豈非元氏爲之驅除乎，故曰，天以元開我朝也。

嗟乎，當元氏初起，其國無文字，其俗昧死生，其攻城略地無異草薙而禽獮之耳，生人之類不絶於其手者幾希！彼且視仁義政教爲何物哉，而太祖、太宗卽知貴漢人，延儒生，講求立國之道。世祖見姚樞而嘆息，聞許衡之言而止殺，此誰實啓之？豈非天哉！自宋亡混一且百年，四方民物小康，先王之舊物有不廢於其世者。今設官、定疆、轉漕、治曆，與夫科舉學校之制，因革損益，猶有取焉。嗚呼，豈非天哉！董子曰：「天不變則道不變。」余於元事益信，論世者其必有取於余言焉。

萬曆丙午歲孟秋之吉

南京吏部稽勳清吏司郎中高安陳邦瞻序

（據萬曆三十四年原刻本）

附録三

元史紀事本末凡例

一，元自太祖起北方，至世祖至元十六年以前，其事俱見宋編，今斷自至元十七年爲始，而事有與前相繫者，仍於其下追書之，以便考究始末。

一，舊史，革命之際起事諸人俱繫後代，故陳勝、項籍不係秦而係漢，李密、王世充不係隋而係唐。元末羣雄並起，若友諒、士誠、玉珍輩，俱當從此例，故今但略述喪亂之由，而其事應入我朝國史者，俱不載。

（據萬曆三十四年原刻本）

附録四

四庫全書元史紀事本末提要

臣等謹案：元史紀事本末四卷①，明陳邦瞻撰。凡列目二十有七，其律令之定一條下注一「補」字，則歸安臧懋修②所增也。明修元史，僅八月而成書，潦草殊甚。後商輅等撰續綱目，不能旁徵博采，於元事亦多不詳。此書採掇不出二書之外，故未能及宋史紀事之該博。又於元、明間事皆以爲應入明國史，遂於徐達破大都，順帝駐應昌諸事，皆略而不書。夫元初草創之迹，邦瞻既列於宋編，又以燕京不守，元帝北徂，爲當入明史，是一代興廢之大綱，皆没而不著，揆以史例，未見其然。至至正二十六年韓林兒之死，乃廖永忠沈之瓜步，洪武中寧王權作通鑑博論，已明著其事，不過以太祖嘗奉其年號，嫌于項羽義帝之事，歸其獄於永忠耳，邦瞻更諱之書卒，尤爲曲筆。庫庫特穆爾自順帝北遷之後，尚爲元盡力，屢用兵以圖興復，故太祖稱王保保真男子，以爲勝常遇春，後秦王樉妃卽納其女，邦瞻乃以爲不知所終，亦不免於失實。特是元代推步之法，科舉學校之制，以及漕運河渠諸大政，措置極詳，邦瞻於此數端，紀載頗爲明晰。其他治亂之迹，亦尚能撮舉大概，攬其指要，固未嘗不可以資考鏡也。乾隆四十九年恭校上。

總纂官臣紀昀、臣陸錫熊、臣孫士毅

總校官臣陸費墀

（據文津閣本四庫全書史部三紀事本末類）

①四卷本爲萬曆三十五年黄吉士重刻本，修書時似未見到原刻六卷本。

②臧懋修，修爲「循」字之誤。

附録五

宋元紀事本末的編著和流傳

王樹民

一

宋史和元史二紀事本末是以紀事本末體繼通鑑紀事本末而編寫的史書。作者陳邦瞻，字德遠，明高安（今江西高安縣）人，萬曆年間，曾任南京吏部稽勳司郎中，後官至兵部左侍郎等職，明史卷二四二有傳。略早於陳氏有臨朐（今山東臨朐縣）人馮琦，字琢菴，一字用韞，官禮部尚書，明史傳在卷二一六，曾草創宋史紀事本末一書，未成而卒。其弟子南昌劉曰梧，字陽生，號斗陽，得其遺稿，萬曆年間，爲監察御史，巡按江南。南京有故侍御史沈越，字中甫，號韓峯，亦以紀事本末體編録宋代史事爲事紀若干篇；應天府府丞徐申，字維嶽，長洲（今江蘇蘇州市）人，從其子沈朝陽處見其遺稿。在劉、徐二氏倡議下，由陳氏編爲一書。着手編纂於萬曆三十二年（一六〇四年），歷時一年左右而成書，分立一百〇九目，編爲二十八卷，共約六十萬字，經劉、徐二氏校訂刊行。書前有陳氏自序與劉氏刻書序，後有徐氏後序。時劉曰梧之族弟劉曰寧適爲南京國子監祭酒，列之於學宫，遂與通鑑紀事本末共行於世。

宋史紀事本末刊行後，由徐申動議，請陳氏續編元紀，約用一年左右的時力，寫成初稿，由臧懋循參加訂補。懋循字晉叔，吴興（今浙江吴興縣）人。他做的主要工作是補寫了一篇律令之定。全書立二十七目，合爲六卷，約十萬字，亦由劉曰梧爲之刊行。書前有徐、陳二人之序，又載有凡例，以至元十六年厓山陷落以前之事歸入宋編，朱元璋起兵以後之事列于明史，故元史紀事本末較爲簡略。目録之後，附載元朝諸帝紀年，便於參考。作者題名形式爲：

高安　陳邦瞻　編
吴興　臧懋循　補
勾吴　徐　申
豫章　劉曰梧　校

分列四行，刊於每卷正文之前。

萬曆三十五年（一六〇七年），監察御史黄吉士，字雲蛟，内黄（今河南内黄縣）人，巡按淮南，以陳氏二書與袁樞通鑑紀事本末合刻，因宋、元二書卷帙較小，略加併合，宋史紀事本末改爲十卷，元史紀事本末改爲四卷，而保存原書各序；通鑑紀事本末之前有焦竑與魏時應二人之序，説明以三書合刻的由來。

崇禎年間，太倉（今江蘇太倉縣）人張溥，字天如，就通鑑紀事本末各篇寫成史論若干篇，亦取陳氏二書逐目加以論正，附於各篇之末，並於篇内正文頂上標立大事提綱，文中加以圈點、斷句，重爲刊版，以篇爲卷，宋史紀事本末分爲一百〇九卷，元史紀事本末分爲二十七卷，合寫一篇序文，題爲宋元紀事本末敍。由於張氏的加工規模較大，明史藝文志於張氏二書別有著録，實際上叙事部分全同於陳氏之書。

陳邦瞻編寫宋史紀事本末時，除有馮、沈二氏舊稿可資依據外，更多取材於薛應旂之宋元通鑑，元紀取材亦多出於此書，所以二書能各用一年左右的時間完成。其依據於馮、沈二氏舊稿者，劉、徐二氏序文叙述甚爲明白。又原刻本作者題名形式如下：

明　北海　馮　琦　原編

高安　陳邦瞻　纂輯

勾吳　徐　申　校正

豫章　劉曰梧

秣陵　沈朝陽　繙閲

這個題名形式也足以説明此書的編寫原有沈氏父子的一部分功力在内。沈朝陽通鑑紀事本末前編題辭稱：「曩歲高安陳司勳氏因北海馮宗伯所編宋史紀事本末未就之書，倣袁氏例而續成之，朝陽亦出家藏手稿預參閲焉。」正爲就此事而言。至其取用宋元通鑑之文，除制定禮樂和修治河道等幾篇以外，基本上都與薛氏書有密切關係，這種情形，取原書略予對照，便可以充分了解。而薛氏書原多出於續通鑑綱目，所以續綱目亦與陳氏書取材有較大的關係。

關於宋史紀事本末的編寫過程和材料來源，陳氏於自序中未作詳細説明，僅略言馮氏有舊作，一提沈生之名而没去其事，更無一語及於薛氏之書，並稱：「凡不佞所增輯幾十七。」乾隆年間編寫的四庫全書總目提要對於此書編著工作予以較高的評價，如謂：「其書雖亞於樞，其尋繹之功乃視樞爲倍矣。」並推衍陳氏自序之文而寫道：「大抵本於琦者十之三，出於邦瞻者十之七。」又將二十八卷誤寫作二十六卷。後來關於本書的著録和介紹，大抵本於總目提要之説，而其粗淺謬誤，却很少有人指出，甚至原書的卷數，世人也不甚了然。如邵懿辰四庫簡明目録標注引鴻綬説：「宋史紀事本末原刻單行本，并爲十卷，余家有此書。」又標注稱：「此書全用續綱目割湊而成，提要十分推獎，由輕視續綱目而未與之對勘也。」邵氏於本書的資料來源，有稍近於事實的看法，而未進一步與宋元通鑑對勘，所以對於提要之說雖能予以批駁，關於其取材的論斷則仍不中肯。

關於宋、元二書原刻本的卷數，由於二十八卷本和六卷本傳世較稀，黃吉士刻本僅在通鑑紀事本末之前標明刻書年代，而宋、元二書又保存原刻各序，當三書分散後，十卷本和四卷本宋、元二書很容易被誤認爲是原刻本，前引鴻綬之說卽其一例。今以二十八卷本和六卷本與十卷本和四卷本對勘，前者錯字較少而後者較多；又前面提到的作者題名形式，二十八卷本和六卷本列於每卷之首，十卷本和四卷本則僅見於第一卷之首；又千頃堂書目（卷四）和明史藝文志（卷九十七）著錄二書亦各作二十八卷和六卷，這都是四庫全書總目成書以前著錄的卷數。文津閣本和文溯閣本四庫全書與提要也都作二十八卷，惟總目提要作二十六卷。可知以宋史紀事本末原刻本爲二十六卷，乃出於四庫全書總目之誤記，而後來之四庫全書簡明目錄、書目答問、郘亭書目等均承其誤，應依據事實予以訂正。又提要以元史紀事本末原刻本爲四卷，是據黃吉士重刻本而言，這也是不正確的。

二

明史陳邦瞻傳說他「好學，敦風節」，可見他是一個很典型的官僚士大夫，而宋、元二紀事本末的觀點正是有代表性地反映了晚明士人卽反動的統治階級知識分子的一般看法。

明朝傳到萬曆中期以後，正是反動的封建統治腐朽没落，危機四伏，内外交困，行將倒台的時候。首先是農民和礦工起義的浪潮，從明代中期尤其是武宗正德年間以來，早已震撼了明王朝。其次是西北和東北邊區的少數民族政權，以及東南方面的倭寇，都時常威脅着明帝國的安全。又其次是統治階級内部的矛盾鬭争，如連續發生的靖難、奪門之變，其中成祖和英宗都成功了，高煦和宸濠却失敗了。又如嘉靖年間的大禮之議和以後的朋黨之争等，都引起一些政治上的波瀾。這些現實問題，迫使明代士人一方面從各次事件本身上總結經驗，一方面從歷史上尋找經驗。兩宋王朝統治時期，不斷受到遼、夏、金和蒙古貴族的侵凌，以致國破家亡，各地人民發動的大小規模起義又特别多，在其政權内部又有金匱之盟、濮園之議和新舊黨争等，正爲明代統治者提供了可資借鑑的先例。而明朝的統治制度多沿用於元朝，其統治成敗的經驗，明代統治者更可直接衡量得失。所以宋、元二紀事本末的内容特别着重上面所舉的各點。現在我們且就二書分别來看。

宋代統治者在對外方面，有主戰主和兩種針鋒相對的意見。在對内卽對付農民起義方面，有武力鎮壓和分化瓦解兩種不同的策略。宋史紀事本末的態度，在對外方面，强調主戰，反對主和，所以寇準、李綱、种師道、宗澤、岳飛、陳亮等都得到肯定，汪伯彦、黄潛善、秦檜、賈似道等受到斥責，這是符合人民利益的。對内方面的鎮壓和分化，是應付人民起義鬬爭的硬軟兩種手法，都是不利於人民的。宋史紀事本末對這兩種手法都予重視，就有關史實作了比較概括而明確的記載。如西川王小波、李順起義，貝州王則起義和浙中方臘起義，是北宋幾次規模較大的起義，宋史紀事本末都有專篇記載。方臘起義的直接原因是花石綱之擾和宋徽宗的窮奢極慾，關於這些事實也列有專篇。在王小波、李順起義被鎮壓後，着重敍述老奸巨猾的官僚張詠提出來的口號，「前日李順脅民爲賊，今日吾化賊爲民」，特別予以宣揚。又在方臘起義的後面附記宋江之事，全文不到二百字，而特記侯蒙的話：「不若赦之，使討方臘以自贖。」後來果然收降了宋江。宋史紀事本末站在人民的對立面上，看到了這些話的重要性，同時也以階級鬬爭的複雜性從反面教育了人民。

宋史紀事本末取材以官方記載爲主，其中有許多十分明顯的錯誤，尤其關於農民起義部分，不僅都誣稱爲「盜賊」，某些重要史實也常常記載失真。如李順起義失敗，最後據點成都被宋軍攻破，李順在羣衆掩護下逃出圍城，宋軍殺了一個假李順，便去報功請賞，算是結束了一件事。幾十年後真李順在廣州被發現，由於以前已經論功行賞了，統治者便説這個李順是假的，但這個「假李順」却被暗中殺害了。這件事在沈括夢溪筆談（卷二十五）和陸游老學庵筆記（卷九）中都有明確的記載，宋史紀事本末只取官方虚構的説法，便以假亂真了。又如方臘起義中說：「戕平民二百萬。」按宋人筆記所載，這是鎮壓起義的劊子手童貫爲了虚報戰功，濫殺無辜平民的結果，反過來倒打一耙，把罪名歸在起義軍身上。①又南宋初年洞庭湖區的鍾相、楊么起義，當時傀儡政權劉豫手下有個李成，曾派人想和起義軍聯係，被嚴詞拒絶，並殺了派去的人。宋統治者乘機造謡誣衊，妄説起義軍和傀儡政權有勾結。②本書也煞有介事地寫道：「楊太與劉豫通，欲順流東下。」這都是明顯的誣妄之詞。又如余玠守蜀篇稱：「追削余玠官職，奪其子晦告身。」按余晦爲余玠的後任而非其子，錯誤非常明顯，但這句話原出於宋史理宗本紀（卷四十四），宋元通鑑也采用了，於是本書也照録下來。

宋史紀事本末在立場、觀點方面存在着嚴重的問題，取材方面的局限也很大，但在選題立目，編纂組織等方面，都比較得體。舊史書中的紀事本末體本有簡明醒目之便，本書確能盡量發揮這個優點。宋代史書向稱浩博，宋史尤爲蕪雜，本書正有助於克服這些缺點。又本書雖定名爲宋史紀事本末，敘事不以宋朝爲限，而爲就兩宋時期中國境内各族建立的政權，如遼、夏、金和初興階段的蒙古，以及吐蕃、廣源等少數民族的活動，同樣的予以論述，立場雖有偏失，所列史實都比較重要，而由此對於本期中國歷史發展可有更近於全面的了解，意義尤爲重大。此外關於典章制度，以及營田、治河等，書中也多有專篇叙述。

又如肯定主戰派的人物等，前面已經提到了。這都是本書的可取之處。

明代人對於元史的重視，不減於對宋史的態度，這一點在徐中的序文中說得很明白：「然能黜元統而不能盡廢元法，如欽天推步則至元間所授，科舉三場則皇慶間所定，四書、易、詩之用朱註，書之用蔡註，春秋之用胡傳，則延祐間所表章，文武官級則劉秉忠、許衡所建設，漕渠則張禮孫、郭守敬所疏鑿，河防築堤治埽諸法則賈魯所經營。……故一時紆畫曆注多相沿襲。」又指出明代在北京建都，即以元大都城爲基礎。所以元史紀事本末雖比較簡略，所取內容則多爲明代可資借鑑者，也就是說都有一定的史料價值，足以與宋史紀事本末相配合。其缺點也與宋史紀事本末相類似，不必再一一論述。

陳邦瞻深受程朱派理學的影響，所以二書中對理學家都作肯定的叙述，這也是一種明顯的階級偏見。

宋、元二紀事本末形式上是兩部書，乃因以朝代爲斷限之故，內容叙事前後相銜接，實如一部書的上下編。如元朝開國部分及滅宋以前之事，甚至元之建立國號，都在宋編之內。而元紀記許衡之事（卷十六）只記其卒，注云：「衡學問始末，與姚樞、竇默、趙復等出處，俱附見宋編。」這些情況最足以說明二書的實際關係。

三

宋史紀事本末的版本，作者所見到的有十餘種，分列於後。元史紀事本末一般的與之合刻，附記於相應之項下。

（一）萬曆三十三年劉曰梧、徐申刻二十八卷本；元紀三十四年刻六卷本。
（二）四庫全書二十八卷本（文津閣本）；元紀四卷本。
（三）萬曆三十五年黄吉士刻十卷本；元紀四卷本。
（四）明清間鬱岡山房重刻十卷本；元紀四卷本。
（五）明末刻張溥評議一〇九卷本；元紀二十七卷本。
（六）清初補刻張溥評議一〇九卷本；元紀二十七卷本。
（七）康熙十八年張聞升重刻張溥評議一〇九卷本；元紀二十七卷本。
（八）嘉慶年間清内府精鈔一〇九卷本；元紀二十七卷本。
（九）日本青山堂木活字印張溥論正本。
（一〇）同治七年朝宗書室木活字印張溥論正一〇九卷本；元紀二十七卷本。
（一一）同治十三年江西書局刻張溥論正一〇九卷本；元紀二十七卷本。

(一二)光緒十三年廣州廣雅書局重刻江西局本,有元紀。

(一三)光緒二十四年湖南思賢書局重刻江西局本,有元紀。

(一四)光緒十四年上海書業公所鉛印張溥評議一〇九卷本;元紀二十七卷本。

(一五)光緒二十五年上海慎記石印張溥論正一〇九卷與二十七卷本。

(一六)宣統二年上海捷記石印張溥論正一〇九卷與二十七卷本。

(一七)一九三六年商務印書館國學基本叢書鉛印張溥論正一〇九卷與二十七卷本。

(一八)一九五五年中華書局用國學基本叢書本紙型校訂重印本。

從上列各本來看,遠在明末時期,宋史、元史紀事本末二書因分卷之異,已各有三種不同的版本,卽宋紀二十八卷本、十卷本和一〇九卷本,元紀六卷本、四卷本和二十七卷本。劉、徐二氏合刻的二十八卷本與六卷本,半葉十行,每行二十字,爲二書的原刻本。四庫全書本,文前僅有陳氏自序,另加提要一篇,無目錄,文中竄改之處甚多,不足依據。十卷本與四卷本在黃吉士彙刻的通鑑紀事本末三種中,半葉十一行,每行二十二字。鬱岡山房本卽就其殘版補刻,故版式相同,但刻工較粗,又增加沈朝陽的通鑑紀事本末前編十二卷,稱爲歷朝通鑑紀事本末,包括前編、正編、宋編、元編四個組成部分。一〇九卷本與二十七卷本卽張溥評議本,亦爲通鑑、宋、元三部分合刻,但都改爲以篇爲卷,故卷數增多。半葉九行，每行二十字。其書版因兵亂燬於浙中，清初有人以其殘版補刻行世，其侄張聞升亦重刻之。清初本仍爲通鑑、宋、元三部分合刻；張聞升重刻本只有宋、元二部分，題爲宋元通鑑紀事本末，書内則仍分題宋史紀事本末和元史紀事本末。張溥評議本宋紀之前首刊張氏爲二書合寫的叙文，次爲目録、正文，每篇之後，以「張溥曰」的形式附加一篇史論。文中有圈點、斷句，人名右側加直綫如現代所使用的專名號，頂上撮舉文内要旨列爲事綱。如宋紀第一篇太祖代周，第一條爲「趙匡胤率兵禦契丹，至陳橋而將士立爲天子」；第三條爲「王溥、范質拜趙匡胤，陶穀出禪詔于袖中，即帝位」。元紀第一篇江南羣盜之平，第一條爲「陳桂龍兵起，完者都、高興擊走之」。第二篇北邊諸王之亂，第一條爲「乃顏反，阿沙不花請説安納牙，諸王之謀乃解」。這些事綱頗有助於記誦要點。清初本和張聞升本都是依照張溥本原式刻的，但清初本略去「張溥曰」部分的圈點，僅存斷句。張聞升本在叙文與目録之間增加「凡例」六條，爲他本所無。二本於個别字句亦略有異同。嘉慶年間清内府精鈔本編爲紀事本末四種，實包括通鑑前編、通鑑、宋、元和谷應泰的明史紀事本末，共五種，而把通鑑前編併入通鑑列爲一種；通鑑和宋、元部分題名均有「明太倉張溥論正」字樣，但原書之叙文、事綱、圈點、論正等均被削去，惟分卷同於張氏本，可知其所據者應爲張氏本。青山堂本出於張朝宗書室本似亦出於張氏本，校刊較佳，僅存其論正而無事綱、圈點等。

聞升本，有凡例、句逗和論正，錯字甚多，且僅有第一至第七十七卷，所依據者似爲不全之鈔本，頂上間或附有校記，可略供參考。以上各本，或爲手鈔本，或刊行較早，傳世者已不多見，通常所見者以江西局本爲最通行。

一〇九卷本和二十七卷本以篇爲卷，是一個重要優點，張溥的史論，以宣揚反動觀點爲主，在封建時代頗能迎合某些人的需要，所以三種版本，惟張溥評議本流傳最廣。張氏史論清代列爲禁書，故嘉慶間内府鈔本削去其文，而仍取以篇爲卷的形式，甚至保存了張氏的題名，可知一〇九卷本和二十七卷本已有「獨步一時」之勢。但後世刻本多削去事綱、圈點等，而僅存其史論，一般稱爲張溥論正本。同治十三年江西書局校刻五朝紀事本末，宋、元二書卽只有張氏史論，並作了一些必要的校補，但頗有誤改、臆改之處。如宋紀卷二十九載石介慶曆聖德詩一篇，原文見於宋史卷四三二石介傳和宋元通鑑卷二十一，與本書同，而東都事略卷一一三石介傳所載者多異文，江西本據東都事略改刊本書，轉失本書真相。又如卷七十二秦檜主和篇，建炎三年内叙述張邵使金抗節不屈，於是連類叙及朱弁拒仕劉豫守節不屈之事，江西本在朱弁事上增入「四年九月」四字。按宋元通鑑（卷六十三）建炎四年九月，因記劉豫建立僞齊而並載女真貴族迫仕朱弁之事，並非執定卽在此時；宋史朱弁傳（卷三七三）記此事在紹興二年以後，具體時間當已難確定，江西本增入年月，反成大誤。又如卷一〇六蒙古陷襄陽篇中有「闖知」之文，自宋史忠義傳（卷四五〇）以下，續綱目（卷二十一）、宋元通鑑（卷一二三）等均作「闖」字，江西本改爲「偵」字，其實應是「闚」字之訛。按宋史全文卷二十二及中興兩朝編年綱目卷十一均有「闖微旨」之文，繫年要録卷一六九作「闚微旨」，宋史卷四七三秦檜傳作「伺上動静」，可以爲證。元紀卷二原刻本有「毋會持弓矢」之文，江西本改「會」字爲「得」，按元史卷十四世祖紀，實爲「令」字之誤。從文字異同方面看，江西本所依據之底本應爲張聞升本。思賢本全同於江西本。廣雅本在八朝紀事本末中，亦據江西本重刊，而校勘較精，改正了一些明顯的錯字。清末上海各書肆印行者，稱爲歷朝或七朝、九朝等紀事本末，亦出於張聞升本，並據江西本略加校正。書業公所鉛印本猶保存事綱、圈點等，脱漏已所不免，後出之石印各本，脱誤更爲嚴重。國學基本叢書本以圓點斷句，無事綱、圈點等，其底本似爲清初本或張溥本，時有勝於江西本者，但其本身校勘欠精，轉增其他謬誤。解放後重印本，已據江西本加以校訂，較舊本有所改進。今將二書流傳的版本附列一表於下（括號内爲元紀卷數）：

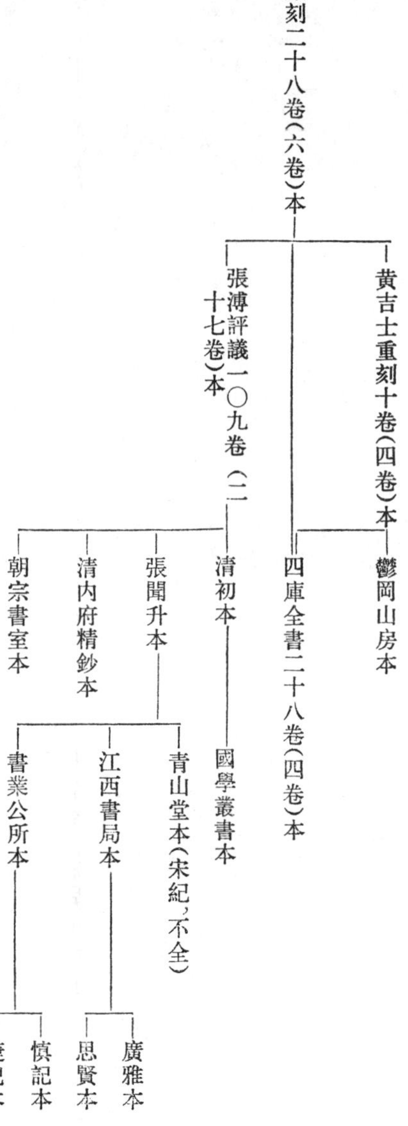

宋、元二紀事本末的編著經過和流傳情况，從清代以來，卽未有明確系統的記載。而自四庫全書總目提要行世後，眞相反爲淆亂。黄吉士刻本雖著録於天禄琳琅書目續編(卷十四)，亦不爲世人所知。現在概括地予以考訂説明，以爲了解古籍之一助。

(原載河北師範學院院刊一九七八年第三期，經作者修改後收入本書)

① 曾敏行獨醒雜志卷七。

② 岳珂金陀粹編卷二十六鼎澧逸民叙述楊么事迹二，又卷五劉洪道奏李成連結楊么省劄等。